Groningen

EDITION TEMMEN REISEFÜHRER

W0053892

Groningen
Die junge Kulturstadt

von Wolfgang Stelljes

EDITION TEMMEN

Geschichte

Studentenstadt

Von A bis Z

Bitte beachten: bei Telefonaten aus
Deutschland **0031** vorwählen!

Auf einen Blick
Infos und Tipps für Groningen und die Provinz

Land und Leute

Welkom!

Es gibt viele gute Gründe, nach Groningen zu fahren. Die achtgrößte und zugleich nördlichste Stadt der Niederlande liegt nur 50 Kilometer von der deutschen Grenze entfernt, ist also gerade für Norddeutsche schnell erreichbar. Und sie hat eine sehr kompakte Innenstadt, die »beste«, »sicherste« und »fahrradfreundlichste« der Niederlande, glaubt man Umfragen und Statistiken. Alles ist gut zu Fuß erreichbar. Bereits ein Tag – besser noch: ein Wochenende – genügt, und man ahnt, warum Groningen bei europaweiten Studien zur Lebensqualität in Städten stets auf einem der ersten Plätze landet.

Am besten, man lässt es erst mal ruhig angehen und hockt sich zum Beispiel in ein Café am Grote Markt. Dieser ist so etwas wie die gute Stube Groningens. Und die Korbstühle auf den Terrassen vor den Cafés sind die Logenplätze im Straßentheater von Groningen. Ein Blick in die Runde macht deutlich: Groningen ist eine sehr junge Stadt, keine andere in den Niederlanden hat eine so junge Bevölkerung. Von den rund 200.000 Einwohnern ist jeder zweite unter 35 Jahre alt. Es sind vor allem Studenten, etwa 60.000 sind an Rijksuniversiteit und Hanzehogeschool eingeschrieben. Sie sorgen dafür, dass in dieser Stadt ohne Sperrstunde eine Menge los ist. Und dass Groningen zu Recht immer wieder mit Attributen wie »lebendig«, »quirlig« und »offen« belegt wird.

Die Stadt Groningen

Groningen ist Dorf und Metropole zugleich. Die Groninger sagen: Die Chance, einen Bekannten auf der Straße zu treffen, ist groß. Zugleich unterstreichen repräsentative Bauten wie Rathaus, Bahnhof oder Groninger Museum die großstädtischen Ambitionen. Groningen wollte stets mehr sein als nur eine einfache Provinzhauptstadt, sagen Kritiker. Ein Anspruch, den man sich etwas kosten ließ. Und lässt. Jahrelang erhitzte der Streit um das Groninger Forum (s. Seite 70) die Gemüter, und das nicht nur aus finanziellen Gründen.

Das Interesse der Touristen konzentriert sich fast ausschließlich auf die Innenstadt, die auch in diesem Buch im Mittelpunkt steht. Doch es lohnt sich, das von Grachten umringte Zentrum über eine der 15 Brücken zu verlassen, am besten auf einem Rad (s. Seite 122). Und sei es nur, um sich einige der architektonischen

Hilft bei der Orientierung: der Turm der A-Kirche

Highlights anzusehen (s. Seite 17). Wer durch die Straßen radelt, bekommt ein differenzierteres Bild von Groningen. Die Stadt hat sich im 20. Jahrhundert immer weiter ausgedehnt. Mal prägen Hochhäuser das Gesicht eines Viertels (Vinkhuizen), mal Grachten (Gravenburg), mal nüchterner kubistischer Stil (Paddepoel). Natürlich gibt es auch in Groningen weniger schöne Ecken. Doch selbst in den ehemaligen Arbeitervierteln tut sich einiges, allein schon durch den Zuzug der Studenten. Die Wohnungen hier sind oft kleiner, aber eben auch günstiger. Bezahlbarer Wohnraum ist ein knappes Gut in Groningen.

Lange Zeit war die Entwicklung der Stadt gekoppelt an den Ackerbau im Umland. Heute sind die IT-Branche, der Bildungssektor, der Energiesektor und das Universitair Medisch Centrum Groningen (UMCG) tragende Säulen des wirtschaftlichen Lebens. Groningen hat sich von einer Handelsstadt in ein Bildungs- und Dienstleistungszentrum verwandelt. Bei über 80

Tipp

Ein Kurztrip nach Groningen lohnt sich zu jeder Jahreszeit. Es gibt allerdings Zeiten, da sollte man vielleicht doch noch einmal in seinem Kalender blättern, jedenfalls dann, wenn man in Ruhe durch die Altstadt bummeln möchte. Denn zweimal im Jahr, im Mai und August, ist Kirmes, mit Geisterbahn und Autoscooter. Dann geht es in dieser ohnehin nicht gerade ruhigen Stadt noch ein wenig lauter zu, vor allem auf dem Grote Markt, dem Vismarkt, aber auch auf dem Ossenmarkt.

Prozent der Unternehmen handelt es sich um Kleinbetriebe mit bis zu zehn Beschäftigten. Vermutlich ist so manch eine Krise an Groningen vorbeigegangen, weil sich Kleinbetriebe und Dienstleistungssektor als nicht so anfällig erwiesen haben. Und noch etwas: Die Kaufkraft eines einzelnen Studenten mag gering sein – in der Summe sind sie ein gewichtiger Faktor. Und ein sehr belebendes Element, wie

Fahrradstadt Groningen

Wer in Groningen nicht unter die Räder kommen will, der sollte den Tipp einer Stadtführerin beherzigen: »Laufe niemals auf dem Fahrradweg, denn der Fahrradfahrer hat immer recht und bremst nie.« Oft hat er auch noch ein Handy in der Hand oder am Ohr. Wer also mit den Groninger Radfahrern in Frieden leben will, sollte vor dem Überqueren einer Straße nach links und rechts schauen, am besten gleich zweimal (und dies unbedingt auch seinen Kindern sagen). Denn es geht flott zu auf dem innerstädtischen Fietspad.

Jeder Groninger besitzt mindestens ein Rad. Es sind Räder, auf denen man dank des Lenkers aufrecht sitzt. Und die bestenfalls drei Gänge haben. Von 100 Verkehrsbewegungen werden 62 mit dem Fahrrad vorgenommen. Damit ist die Stadt, was den Anteil des Fahrrads am Verkehr betrifft, auch europaweit stets auf einem der vorderen Plätze, oft in Gesellschaft von Münster und Oldenburg.

Fahrradstadt »Number One« weltweit – diese Auszeichnung erhielt Groningen bereits 1999 von der amerikanischen Zeitschrift »Bicycle«. Dabei gab es damals noch gar nicht die modernen Ampeln, die immer dann, wenn es regnet, schneller auf grün schalten, damit die Radfahrer nicht so lange im Regen stehen müssen. Neue

Ampeln sind in Groningen inzwischen mit einem Niederschlagsensor ausgestattet. Nur gegen den Fahrraddiebstahl hat auch Groningen noch kein Mittel ersonnen. Jedes Jahr werden Tausende von Zweirädern geklaut, überall sieht man herrenlose Schlösser baumeln. Immerhin: Es gibt inzwischen bewachte Parkplätze auch für Fahrräder.

Gesehen über einem Tor gegenüber der A-Kirche (Südseite)

jeder Wochenendurlauber unschwer feststellen kann.

Die Provinz Groningen

Nein, Groningen liegt nicht in Holland! Und der Groninger ist auch kein Holländer. Holland, das sind genau genommen ganze zwei Provinzen im Westen des Landes, begrenzt durch Nordsee, IJsselmeer, Rhein und Maas. Groninger sind historisch gesehen auch keine Friesen, sondern Sachsen. Also, bevor man sich in die Nesseln setzt: Der Groninger ist in erster Linie Groninger und dann Niederländer.

Groningen ist Hauptstadt und zugleich einzige größere Stadt der gleichnamigen Provinz. Diese Provinz ist mit rund 581.000 Bewohnern – das sind gerade mal 3,4 Prozent der niederländischen Gesamtbevölkerung – vergleichsweise schwach besiedelt. Bei Gemeinden wie Appingedam oder Zuidhorn handelt es sich meist um kleinere Orte mit bis zu 20.000 Einwohnern. Oft heißt es hier bei einem Besuch Groningens noch: »Wir gehen in die Stadt.«

In der Vergangenheit herrschte zwischen Stadt und Umland (Stad en Ommelanden) häufig Unfrieden, wobei dieses Umland früher nur begrenzt begehbar war. Die großen Moor- und Sumpfgebiete im Osten der Provinz wurden erst im Zuge des Torfabbaus im 18. Jahrhundert kultiviert. Lange Zeit war die Provinz Groningen als armes Bauernland verschrien. Doch dann fand man ausgerechnet hier, bei Probebohrungen in einem Dorf namens Slochteren, eines der größten Erd-

Eine der schönsten Straßen in der Altstadt: Ganzevoortsingel

Marschenlandschaft nordwestlich von Groningen, unweit von Ezinge

gasvorkommen der Welt. Das war 1959, und danach ging es bergauf. Lange Zeit war die Provinz Groningen, was Bruttoinlandsprodukt und Kaufkraft betrifft, absolut top: Bei einem Vergleich unter 271 EU-Regionen gelangte sie im Jahre 2006 auf Platz 5.

Die Vorkommen sollen noch Jahrzehnte reichen. Die Erdgasförderung hat allerdings einen Haken – sie verursacht Erdbeben. Nach einem besonders turbulenten Wochenende im Februar 2013 gingen allein rund 1500 Schadensmeldungen von Hausbesitzern bei der Erdgas-Gesellschaft ein. Alle Institutionen haben die Gefahren der Gasförderung unterschätzt, hieß es im Februar 2015 in einem Bericht des Nationalen Sicherheitsrates. Im Januar 2018 erschütterte ein Erdbeben der Stärke 3,4 auf der Richterskala die Region. Und im März 2018 kündigte Ministerpräsident Rutte an: Die Förderung in der Region Groningen wird bis spätestens 2022 etwa halbiert und bis 2030 völlig eingestellt.

Der Niederländer und der Groninger

Nachdem Gott die Welt erschaffen hatte, wies er auch dem Groninger ein Stückchen Erde zu und sagte: »Das ist jetzt dein Land!« »Besten Dank«, entgegnete der Bauer, »aber jetzt runter von meinem Erbe!« Dieser Witz wird gern erzählt, wenn es um den sprichwörtlichen Eigensinn speziell der Groninger Bauern geht. Frank Westerman, der sich in seinem Buch »Das Getreideparadies« dieser Region genähert hat, war von Soziologen und Historikern gewarnt worden: »Ob Bauer oder

Tipp

Groningen ist umgeben von mehreren Wasserstraßen (Winschoterdiep, Noord-Willemskanaal, Van Starkenborghkanaal, Eemskanaal) – es ist also durchaus möglich, mit dem Boot aus Deutschland anzureisen, am Grote Markt einen »Koffie Verkeerd« (Milchkaffee) zu trinken und dann über den Reitdiep weiter zur Nordsee und zum IJsselmeer zu schippern.

Auf dem Kanalring, der die Innenstadt von Groningen umschließt

Niederländer kommen mitunter ohne Umschweife auf den Punkt. Empfindsame Geister fühlen sich schon mal auf den Schlips getreten, der Niederländer denkt sich: »Ik ben eerlijk.« Die Groninger reden möglicherweise weniger als die Leute im Süden, sagt Anne Bollmann, die Deutsche Sprache und Kultur an der Rijksuniversiteit Groningen lehrt, »aber sie meinen, was sie sagen«. Und weil ihre Sätze kurz und nüchtern sind, »kommt das vielleicht stur rüber«.

Das wohl gängigste Stereotyp über den Niederländer an sich lautet: Er ist geizig. Als Beispiel muss immer wieder die berüchtigte Keksdose herhalten. Gehört es in anderen Ländern zum guten Ton, dass bei einem Besuch alles auf den Tisch kommt, was die Küche so hergibt, reicht der Niederländer an der Kaffeetafel eine Keksdose herum. Jeder nimmt sich einen Keks, dann wird die Dose wieder zugemacht. »Das stimmt immer noch«, meint Anne Bollmann. Al-

Arbeiter, sie sind kurz angebunden und verschlossen wie Austern.« Niederländer sind allgemein »kurz in der Sprache«, sagt Saskia Reimann, eine gebürtige Groningerin, die Deutsch unterrichtet. Und das nicht nur, weil die Zahl der Begriffe kleiner ist (die deutsche Sprache ist differenzierter).

Erste Adresse für Käse-Fans: der Kaashandel van der Leij in der Oosterstraat

Straßencafé am Gedempte Zuiderdiep

lerdings darf man sich hier und da auch einen zweiten Keks nehmen. »Die junge Generation geht anders damit um.« Auch würde der Niederländer nicht von Geiz sprechen – man ist sparsam. »Und das ist eine andere Konnotation. Sie sind stolz darauf, dass sie sparsam sind.« Diese Sparsamkeit belegt Dik Linthout in seinem Buch »Frau Antje und Herr Mustermann« mit Fakten. So geben Niederländer für ihr Essen europaweit am wenigsten aus, fahren dafür aber am häufigsten mit Caravan und Zelt in den Urlaub.

Fragt man nach den Gründen, warum der Niederländer so ist, wie er ist, fällt über kurz oder lang das Wort Calvinismus. Durch ihn sind vor allem die Menschen im Norden stark geprägt, sagt Anne Bollmann, »mehr als sie sich manchmal bewusst sind«. Man ist ein bisschen streng mit sich selbst – siehe Keksdose. Im Süden des Landes sind auch die Kuchenstücke größer, sagt Bollmann. Unzählige Dinge werden auf den Calvinismus zurückgeführt, selbst das Fehlen der Gardinen. »Frü-

her galt der freie Durchblick nur dem Herrn Pfarrer«, schreibt die deutsche Journalistin Annette Birschel in ihrem Buch »Mordsgouda«. Man hat eben nichts zu verbergen. Keine Gardinen zu haben, »war noch bis in die 60er Jahre hinein eine Art elftes Gebot. Zumindest für Calvinisten.« (Einer anderen Lesart zufolge wollten bereits die Spanier einen freien Durchblick und damit

Blick aus der Tür an der Nordseite der A-Kirche

Traditionelles Mitbringsel: Klompen (gibt's auch unbemalt)

ein Deutscher gerne vorzeigt, was er an materiellen Gütern angehäuft hat, ist der Niederländer zurückhaltender. Bloß keinen Firlefanz, bloß nicht aus der Reihe tanzen – all das kommt in dem viel zitierten Satz »Mach mal normal, das ist dann schon verrückt genug« zum Ausdruck. Auch das Streben nach Perfektion ist weniger stark ausgeprägt. »Im Universitätsleben merken wir das täglich«, sagt Anne Bollmann. »Deutsche Studenten wollen so gute Noten wie möglich, niederländische Studenten sagen: Ach, eine Durchschnittsnote ist auch okay.« Wobei sich diese Mentalität unter dem Eindruck von Krisen langsam ändere. Auch der niederländische Student will eine Stelle.

Kontrolle.) Sich ehrenamtlich zu engagieren, freigiebig Spendenbüchsen zu füllen, der »Zwang, sich für die gute Sache einzusetzen« – »das kommt alles vom Calvinismus«, lässt Birschel eine holländische Freundin sagen. »Sonst fühlen wir uns schuldig.«

Prunk und Protz sind dem Niederländer wesensfremd. Während manch

Als weiteres Erbe des Calvinismus und typisch für die Niederlande gilt die »Konsenskultur«, also die Suche nach einem Kompromiss oder »goldenen Mittelweg«. Dik Linthout sagt es drastisch: »Alles muss besprochen werden, jeder muss überall seinen Senf dazugeben können.« Entscheidungsprozesse dauern länger, und Entscheidungsträger sind nicht immer gleich auszumachen,

Prägen das Bild der Stadt: Radfahrer (hier auf der Brücke zur Visserstraat)

Die Zwanestraat, vom Martiniturm aus gesehen

jedenfalls nicht für einen Außenstehenden, meint Anne Bollmann. »Wenn sich hier alle duzen, ist es für Deutsche nicht erkennbar, wo Hierarchien sein sollen. Die sind aber da.« Sie sind nur flacher. Übrigens: Ob ein »Du« oder ein »Sie« angemessen ist, hängt nicht nur ab von der Beziehung, sondern auch von Region, Branche, Alter und Alkoholkonsum – man muss es am Ende selbst herausfinden.

Deutsch-niederländische Begegnungen

Die Begegnungen zwischen Deutschen und Niederländern sind unkompliziert. Erst mal. Man gibt sich die Hand (Niederländer, die sich gut kennen, neigen auch zum dreifachen Begrüßungskuss: links, rechts, links). Dann redet man. Und

schon gehen die Probleme los. Denn der Niederländer sucht den Konsens und der Deutsche das Ergebnis. Am Ende äußert der Deutsche vielleicht sogar noch Kritik – und schon ist das zarte Pflänzchen der binationalen Verständigung zertreten. So ungefähr, wenn auch zugespitzt, werden immer wieder die Tücken im alltäglichen Miteinander geschildert.

Deutsche Geschäftsleute sollten schon bei der Vorstellung tunlichst auf die Erwähnung ihrer Ehrentitel verzichten, sagt Anne Bollmann. »Hier würde sich nie jemand als Doktor vorstellen. Oder als solcher unterschreiben.« Und ein Deutscher, der seine Sätze mit Fachwörtern anreichert und so Niveau oder akademische Bildung dokumentieren will, wird bestenfalls belächelt. Grundsätzlich gilt der Deutsche als eher perfektionistisch und der Niederländer als eher pragmatisch. Niederländer beanworten eine E-Mail oft erst, wenn sie auch wirklich ein Ergebnis mitzuteilen haben. Da wird der deutsche Partner schon mal ungeduldig. Sind die Beziehungen so weit gediehen, dass man sich gegenseitig besucht, sollte man seinen niederländischen Geschäftspartner in Deutschland nicht unbedingt gleich zu einem mehrgängigen Mittagsmenü einladen. Das ist er weder gewohnt noch kann er es genießen, sagt Anne Bollmann: »Das kommt für sie rüber, als wenn die Deutschen protzen wollen.«

Die Sprache ist zumindest im grenznahen Raum meist kein Hindernis. Viele ältere Niederländer verdanken ihre guten Deutschkenntnisse auch dem Fernseher, weil Krimiserien wie »Derrick« nicht synchronisiert wurden, sondern mit Untertiteln liefen, oder weil »Die Sendung mit der Maus« in Grenznähe gleich auf Deutsch empfangen wurde.

Der Krieg und die WM

Deutsche können zwar ganz gesellig sein, sind aber auch angeberisch und obrigkeitshörig. Und hinken auf modischem Gebiet hoffnungslos hinterher. Die Zuschreibungen, mit denen die Niederländer ihre Nachbarn im Osten bedachten, waren lange Zeit nicht die freundlichsten. Bis in die 1990er Jahre hinein blieb der Zweite Weltkrieg das »Referenzmuster für die Beurteilung der Deutschen«, schreibt Dik Linthout in seinem Buch »Frau Antje und Herr Mustermann«. Noch im Jahre 2000 habe zum Beispiel der damalige Bürgermeister von Groningen, Jacques Wallage, auf einer deutsch-niederländischen Konferenz eingeräumt, dass er als Kind gegen Autos mit deutschem Kennzeichen getreten habe. Sein Vater habe mit Ermahnungen, seine Mutter mit einem gewissen Verständnis reagiert. Auch kursieren heute noch Witze über die Deutschen als Fietsendiebe, weil die Besatzer im Zweiten Weltkrieg niederländische Drahtesel konfisziert hatten. Selbst junge Niederländer scherzen: »Erst gibst du mir das Fahrrad von Opa zurück, dann reden wir weiter.«

Und doch hat der »antideutsche Reflex« (Linthout) inzwischen weitgehend ausgedient. Ein Grund ist sicher der Generationenwechsel. Außerdem hat sich mit dem Fall des Eisernen Vorhangs und der EU-Binnengrenzen auch das Deutschlandbild geändert. Auch in Schulbüchern ist Deutschland nicht mehr auf die NS-Zeit reduziert. Man muss als Deutscher ja nicht gleich auf das WM-Endspiel von 1974 zu sprechen kommen, bei dem die deutsche Mannschaft, so die niederländische Sicht der Dinge, dem »Oranje-Team« den Titel raubte. Doch selbst diese Niederlage ist längst nicht mehr so ein Drama wie noch vor zehn Jahren, sagt Anne Bollmann. Sie unterrichtet Deutsche Literatur und Sprache an der Rijksuniversiteit Groningen und fragt ihre Studenten regelmäßig zu Beginn eines Semesters, wie sie sich und ihre Länder gegenseitig wahrnehmen. Sie erfährt dann zum Beispiel, dass niederländische Studenten es nicht verstehen können, dass sich ihre deutschen Altersgenossen wegen des Zweiten Weltkriegs immer noch mit Schuldgefühlen herumschlagen, obwohl sie doch noch gar nicht geboren waren – ein Punkt, an dem sich lebhafte Diskussionen entzünden.

»In den letzten Jahren hat sich das Bild von Deutschland extrem geändert, ein wesentlicher Faktor war die WM 2006«, sagt Bollmann. Junge Deutsche, die in den Stadien ihre Fahnen schwenken, das sei für die meisten Niederländer kein Indiz für einen neu erwachenden Nationalismus gewesen, sondern eher etwas ganz Selbstverständliches. Und schließlich: Nie könne man sich darauf verlassen, dass eine deutsche Mannschaft aufgebe. Das könnten jetzt auch Niederländer öffentlich würdigen – wenn nicht gerade ein Spiel gegen die Deutschen ansteht.

Außerdem sind Deutsch und Niederländisch verwandte Sprachen, viele Begriffe und auch der Satzbau sind ähnlich. Und doch gibt es Tücken. So heißt »brutaal« nicht »brutal«, sondern »frech«, mit »doos« ist ein »Karton« gemeint, und »deftig« bedeutet »vornehm«. Wer es auf Niederländisch versucht, macht häufig die Erfahrung, dass der Gesprächpartner gleich ins Deutsche verfällt. Trotzdem wird es gern gesehen, wenn jemand sich bemüht, Niederländisch zu sprechen.

Architektur

»Die italienischste Stadt nördlich der Alpen«, noch dazu mit »dem schönsten Pissoir der Welt« und der »schönsten Tiefgarage der Niederlande« – wenn es um die Architektur geht, ist die Eigenwerbung Groningens nicht eben zurückhaltend. Es purzeln nur so die Superlative, und das nicht ganz zu Unrecht. Schon bei der Anfahrt stellt manch Groningen-Besucher überrascht fest, dass Hochhäuser nicht grundsätzlich hässlich sein müssen. »Affenfelsen« und »Kreuzschiff« heißen im Volksmund die beiden wohl markantesten Bauwerke, die in den Groninger Himmel ragen. Das eine ist das Verwaltungsgebäude des Energieunternehmens Gasunie, das andere das vermutlich spannendste Finanzamt der Niederlande, wenn nicht ganz Europas (jedenfalls von außen betrachtet). Und wenn man mal von besonderen Aufbauten absieht, dann sind bis zum heutigen Tag alle Hochhäuser Groningens kleiner als die Martinikirche – fast scheint es, als wäre dies ein ungeschriebenes Architekten-Gesetz.

In der Stadt selbst fasziniert vor allem das Nebeneinander von Alt und Neu, von Baudenkmal und moderner Architektur. Der Waagstraatkomplex gleich hinter dem Rathaus ist hierfür ein gutes Beispiel. Und dann gibt es ja noch das Groninger Museum – dem wohl ungewöhnlichsten Museumsbau der Niederlande ist ein längeres Kapitel gewidmet (s. Seite 21).

Schmucke Bausubstanz an der Stationsstraat

Unser architektonischer Streifzug durch Groningen beginnt in der Innenstadt – beim ältesten Haus der Stadt, dem Calmershuis (Oude Boteringestraat 24, Ecke Broerstraat), erbaut im 13. Jahrhundert. Seinen Namen verdankt es dem Bürgermeister Calmer, der hier bereits 1338 seinen Wohnsitz hatte. Calmershuis, Pepergasthuis, Canterhuis (heute Schifffahrtsmuseum, s. Seite 26) und Prinzenhof gehörten zu den ersten Steinhäusern in Groningen und waren Wohnturm und Zufluchtsort zugleich.

Nur ein paar Schritte vom Calmershuis entfernt befinden sich zwei sehr unterschiedliche Beispiele moderner Architektur: zum einen die 1992 errichtete öffentliche Bibliothek (Oude Boteringestraat 18), ein vierstöckiger Bau von Giorgio Grassi mit nüchterner Formgebung und Fenstern in dunklem »Grachtengrün«. Und zum anderen der Waagstraatkomplex, der ebenfalls das

Neben dem Martiniturm das höchste Gebäude der Stadt: das Finanzamt mit seiner schwungvollen Fassade …

Werk eines italienischen Architekten ist. Adolfo Natalini errichtete 1996 die moderne Glas- und Stahlkonstruktion, die mehrere Gebäude miteinander verbindet, darunter mit dem Goudkantoor das letzte Gebäude in Groningen (1635), das im Stil der Renaissance gebaut wurde (s. Seite 75). Der Waagstraatkomplex ist überdacht, also bestens geeignet, bei Regen ei-

… und das dritthöchste Gebäude Groningens, im Volksmund nur »Affenfelsen« genannt

nen Kaffee im Freien zu trinken. Wer danach stilecht austreten möchte, sollte das öffentliche Pissoir von Rem Koolhaas (Architekt) und Erwin Olaf (Fotograf) aufsuchen und sein kleines Geschäft hinter kunstvoll gestalteten Milchglasscheiben verrichten (Kleine der A, links von der Brücke über die A; im Winter geschlossen).

Wie in vielen anderen niederländischen Großstädten finden sich auch in Groningen zahlreiche Zeugnisse der Amsterdamer Schule mit ihrer expressionistischen Formensprache. Dieser Architektur-Stil, der vor allem in Amsterdam selbst präsent ist, war stilprägend im ersten Viertel des 20. Jahrhunderts. Ein Prachtbeispiel ist das Stadtentwicklungsamt (1928/29) am Gedempte Zuiderdiep (Nr. 96). Bei der Vorderfront fallen horizontale Linien und geschwungene Formen (beispielsweise beim Dach und beim halbrunden Mauerwerk an der Ecke zur Ubbo Emmiusstraat) ins Auge. Die Längsseiten des Gebäudes werden dagegen von einer vertikalen Struktur geprägt. Einen Blick sollte man auch auf die Glasarbeiten im Treppenhaus werfen (wer sie aus der Nähe betrachten möchte, muss sich nebenan bei Hausnummer 98 anmelden). Das Gebäude ist ein Werk von Siebe Jan Bouma, dem Groninger Stadtbaumeister (1924 bis 1942), der seiner Heimatstadt eine ganze Reihe beeindruckender Bauten hinterlassen hat, darunter mehrere Schulen, das Grafische Museum oder den Pavillon mitten im Noorderplantsoen, einem innenstadtnahen Park. Mitunter weisen ganze Straßenzüge Elemente der Amsterdamer Schule auf, häufig in vereinfachter Form. Und wer vor Cafés wie dem Oude Wacht (s. Seite 60) oder

Amsterdamer Schule: das Stadtentwicklungsamt von außen und innen

dem Soestdijk (s. Seite 36) sitzt und die Fassade studiert, sieht in Blei eingefasste Fenster, ebenfalls ein klassisches Element dieser Stilrichtung.

Das Wall House ist – neben dem Groninger Museum – unbestritten die erste Adresse für Architektur-Fans aus ganz Europa, ja selbst aus Übersee und Fernost. Es liegt unmittelbar neben dem Flanierweg am Hoornse Meer, einem Binnensee und Groninger Naherholungsgebiet am südlichen Stadtrand. Den Entwurf für dieses ungewöhnliche Wohnhaus fertigte der amerikanische Architekt John Hejduk um 1970. Eingeweiht wurde es jedoch erst am 5. September 2001, nach langem Ringen um die Finanzierung (der New Yorker Architekt erlebte es nicht mehr mit, er war im Jahr zuvor verstorben). Sechs Monate im Jahr lebt hier ein Künstler oder Architekt, zu dessen Aufgaben es

Pilgerstätte für Architekturfreunde: das Wall House am Hoornse Meer

gehört, angemeldete Gäste durch das Haus zu führen – so haben es die Erben verfügt. Arbeits- und Wohnbereich sind getrennt durch eine überdimensionierte Betonmauer (und vermutlich ist es kein Zufall, dass einem ein Gefängnis in den Sinn kommt). Und doch hängen beide Bereiche unzertrennlich zusammen, und immer, wenn man von dem einen in den anderen möchte, muss man durch diese Mauer – sie ist das verbindende Element zwischen den so unterschiedlichen Bauteilen.

Die im wahrsten Sinne des Wortes herausragenden Beispiele Groninger Architektur liegen im Süden der Stadt, unmittelbar an der A7: Gasunie und Finanzamt. Die Gasunie ist mit 87 Metern Höhe das dritthöchste Gebäude der Stadt (nach Martiniturm und Finanzamt), ein Gebirge von Haus, dessen Glasvorbau Richtung Stadtpark an einen Wasserfall erinnert. Der von den Architekten Ton Alberts und Max van Huut entworfene Bau gilt als Muster-

beispiel für organische oder auch »anthroposophische Architektur«. Alberts und Van Huut sind der Ansicht, dass sich der Mensch in einem Haus genauso wohlfühlen müsse wie in seiner Haut oder Kleidung. Leider kann der »Affenfelsen« mit seinen 18 Stockwerken nicht von innen besichtigt werden. Im Juni 2007 wählten die Leser der Ta-

Angeblich »das schönste Pissoir der Welt«, auf jeden Fall aber eine der wenigen öffentlichen Toiletten

Das weithin sichtbare Wahrzeichen der Stadt: der Martiniturm

Rund und eckig zugleich: Bau an der Ecke Oude Ebbingestraat/Spilsluizen

geszeitung »Trouw« die Gasunie zum »schönsten Gebäude in den Niederlanden«. Sofort ins Auge sticht auch die aerodynamische Form des Finanzamtes. Der 92 Meter hohe Bau weist kaum rechte Winkel auf. Hinter der schwungvollen Fassade des futuristischen Komplexes werden auch all die Daten verwaltet, die mit dem Studium zu tun haben, mit Abschlüssen, aber auch mit noch ausstehenden Zahlungen.

Bliebe noch die »schönste Tiefgarage der Niederlande« – man findet sie, sehenswert illuminiert, unter dem Ossenmarkt. Die Lichtkunst stammt von Peter Struycken, einem niederländischen Künstler und Farb-Experten, dessen vielleicht bekanntestes Werk eine Serie von Briefmarken ist, die die Ex-Königin Beatrix zeigen – dargestellt nur aus Punkten.

Das Groninger Museum

Unübersehbar, bunt, verwirrend – das Groninger Museum ist für viele eine Art modernes Wahrzeichen der Stadt. Bereits der Bau an sich gilt als Kunstwerk – und das sollte man zunächst in Ruhe von außen betrachten. Dazu stellt man sich am besten in die Mitte der Brücke, die über den Verbindungskanal in Richtung Innenstadt führt. Der gesamte Museumskomplex liegt wie eine Inselgruppe etwa 80 Zentimeter tief im Wasser (was dem Haus am 28. Oktober 1998 zum Nachteil wurde, weil an diesem Tag bei einer Überschwemmung Wasser in das Gebäude eindrang).

Das Museum wurde 1994 eingeweiht und ist eine echte Mannschaftsleistung, auch wenn in aller Regel zuerst der Name des italienischen Architekten und Designers Alessandro Mendini genannt

Und noch ein Superlativ: »die schönste Tiefgarage der Niederlande«

wird. Ihm zur Seite stand jedoch mit Philippe Starck, Michele de Lucchi und Coop Himmelb(l)au eine illustre Schar renommierter Architekten und Designer. Wir sehen – mit dem Hauptbahnhof im Rücken – von links nach rechts: die Pavillons von Michele de Lucchi (unten) und Philippe Starck (oben), den eher unspektakulären Zentralpavillon mit dem goldgelben Turm in der Mitte sowie dahinter die ebenfalls übereinander liegenden Pavillons von Mendini und Coop Himmelb(l)au. Der untere Pavillon mit dem quadratischen Grundriss von Mendini enthält zwei Stockwerke und ist Wechselausstellungen vorbehalten. Auf der Außenverkleidung aus Keramik ist das für seine Pastelltöne bekannte »Proustmotiv« zu sehen – es wurde einem Gemälde des Pointillisten Paul Signac entlehnt.

Auf dem Mendini-Pavillon befindet sich ein von Coop Himmelb(l)au gestalteter Pavillon – und der Kontrast könnte größer kaum sein. Coop Himmelb(l)au – hinter diesem Namen verbirgt sich das Architektenduo Wolf D. Prix und Helmut Swiczinsky – schuf ein Werk, das als typisches Beispiel für den Dekonstruktivismus gilt, eine jün-

gere Stilrichtung in der Architektur. Im Innern dominieren die Farben Rot und Grau, analog zu den vorherrschenden Werkstoffen Stahl und Beton. Es gibt kaum gerade Wände, die Verwirrung beim Betrachter ist beabsichtigt. Wer hier zunächst auf die große rote Stahlwand schaut, empfindet unweigerlich ein Schwindelgefühl.

Im Gegensatz dazu liegen die Pavillons von de Lucchi und Starck am anderen Ende des Museums geradezu ruhig im Wasser. Hier korrespondiert die Außengestaltung in besonderer Weise mit der Präsentation im Innern. Der obere Teil ist rund wie eine Töpferscheibe und mit Aluminiumplatten verblendet, auf denen Vasen zu sehen sind – ausgestellt wird hier in der Regel eine Sammlung asiatischer Keramik, die zu den bedeutendsten in den Niederlanden zählt. Der untere Teil des Pavillons besteht aus Backsteinen, die an die Stadtmauer erinnern, die sich einst an dieser Stelle befand. In diesem Bau werden

Drei Kunstobjekte und ein Mensch im Groninger Museum

Werk einer ganzen Riege von Architekten und Designern: das Groninger Museum

seit 2014 in einer Dauerausstellung die Höhepunkte der Museumssammlung gezeigt. Den Mittelpunkt bildet jedoch der Ploeg-Pavillon, in dem die Werke der 1918 gegründeten Groninger Künstlergruppe De Ploeg präsentiert werden. De Ploeg, das waren junge Künstler wie Jan Wiegers, George Martens, Johan Dijkstra und Jan Altink. Letzterer ersann den doppeldeutigen Namen der Gruppe. Ploeg heißt sowohl Pflug als auch Team: Altink wollte die Kunstlandschaft Groningens gemeinsam mit anderen urbar machen. Die Vereinigung, die noch heute existiert, kannte kein inhaltliches Programm. So hielt Jan Wiegers in den 1920er Jahren – diese Phase gilt als die bedeutendste der Gruppe – unter dem Einfluss auch deutscher Expressionisten wie Ernst Ludwig Kirchner unter anderem die Weite der Groninger Landschaft auf der Leinwand fest.

Das Groninger Museum wurde 2010 umfassend renoviert. Der Lack war ab und musste neu aufgetragen werden (wobei Chefarchitekt Mendini beratend tätig war). Besonders gelitten hatte der mehr als 30 Meter hohe Turm, der das Depot des Museums und die neu ge-

Der Beweis: Es gibt gutes Wetter in Groningen (hier über dem Zentralpavillon des Groninger Museums)

Panorama in der Ausstellung „Die Romantik des Nordens" (2018)

staltete Empfangshalle beherbergt. Mittelpunkt dieser Halle ist eine von Mendini entworfene Wendeltreppe, die zu den unteren Ausstellungsräumen

Tipp

Bevor man das Groninger Museum betritt, sollte man einen Blick auf die Skulptur auf der Brücke in Höhe des Eingangsbereichs werfen: Sie ist ebenfalls ein Werk von Mendini und stellt den Grundriss des Museums dar, allerdings vertikal gedreht. Das Praktische: Am Fuße dieser Skulptur befindet sich eine Sitzgelegenheit. Wer es gern noch bequemer hätte: Das Museum hat eine windgeschützte Terrasse gleich neben der Brücke. Im Angebot hier: eine Tasse Kaffee oder Tee zusammen mit Muffin oder Torte.

führt (damit die Kunst nicht »über« den Menschen steht, so wollte es der Architekt). Im Zentrum dieser Treppe befindet sich ein großer Swarovski-Kristall, der größte, der je in Auftrag gegeben wurde. In diesem Kristall spiegelt sich die Lichtinstallation an der Decke, ein Werk des französischen Künstlers François Morellet.

Im Museum findet man Informationen auch auf Deutsch. Wer mehr wissen möchte, sollte sich ein Museumsmagazin (2 €) zulegen Bei großen Ausstellungen kann man sich einen kostenlosen Audioguide leihen (in drei Sprachen).

Das »Info Center« ist ein Werk des spanischen Designers Jaime Hayón. Ebenfalls neu gestaltet wurden das Restaurant (mit Stühlen des niederländischen Designers Maarten Baas), der Empfangssaal, der für Tagungen, Empfänge oder auch Hochzeitsfeiern gemietet werden kann, und die

![Was will uns dieses Bild sagen? – Kunstdeuter im Groninger Museum]

Was will uns dieses Bild sagen? – Kunstdeuter im Groninger Museum

Lounge, bei der das Duo Job Smeets und Nynke Tynagel (Studio Job, Antwerpen), inspiriert von privaten Clubs des 19. Jahrhunderts, seiner Fantasie freien Lauf ließ. Die Lampen erinnern an weibliche Brüste (und irgendwie auch an Kondome). Herausgekommen ist eine »Traumlandschaft«, die, so ein Architekturführer, »alle musealen Regeln des guten Geschmacks missachtet«. Aber gerade das ist ja mitunter auch ein Erfolgsgeheimnis.

Wendeltreppe im Groninger Museum, mittendrin: eine riesige Kristallkugel

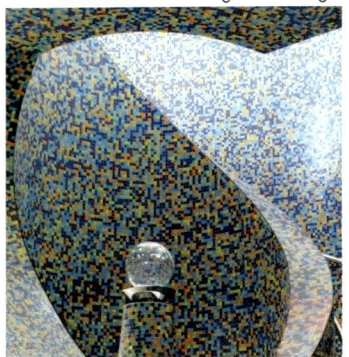

Groninger Museum

Museumeiland 1, Tel. 050-3666555, www.groningermuseum.nl, täglich außer Mo 10–17 Uhr, Eintritt: Erwachsene 15 €, frei für Kinder bis 18 Jahre und Studenten, die in Groningen studieren; andere Studenten 10 €.

Groningen kulturell

Denkt man an Groningen und Kultur, denkt man unweigerlich an das Groninger Museum (und vielleicht noch an eine lebendige Kneipenkultur). Dank des Museums, dessen außergewöhnliche Architektur wir bereits kennengelernt haben (s. Seite 21), ist Groningen zu einer Pilgerstätte von Kulturreisenden geworden. Einen Namen hat sich das Museum unter anderem mit seinen Ausstellungen zur modernen Fotografie gemacht. Der größte Erfolg der vergangenen Jahre war die Ausstellung „David Bowie is" mit über 200.000 Besuchern. Vor einem Besuch Groningens lohnt deshalb immer auch ein Blick auf die Internetseite des Museums.

Groningen ist kulturell gesehen jedoch weit mehr als nur das Groninger Museum. Hinzu kommen weitere Museen, renommierte Galerien sowie eine ganze Reihe von Veranstaltungen und Festivals, die ebenfalls für sich genommen einen Groningen-Besuch rechtfertigen!

Schifffahrtsmuseum

Das Noordelijk Scheepvaartmuseum befindet sich im »Gotischen Haus« (von der Straße aus gesehen links) und dem »Canterhaus« (rechts), zwei historischen Gebäuden aus dem 14. und 15. Jahrhundert. Beide wurden zwischen 1970 und 1980 gründlich restauriert und sind durch ein Zimmer über dem Eingangstor miteinander verbunden. Ein Tipp vorweg für groß gewachsene Menschen: Die Eichenbalken an der Decke hängen mitunter tief …

In insgesamt 14 Räumen wird die Entwicklung der Schifffahrt nachgezeichnet, von den Anfängen des friesischen Handels um 600 nach Christus bis zur Gegenwart. So verlieh das Abgraben der Fehngebiete in Drenthe und Groningen der regionalen Schifffahrt einen kräftigen Schub. In hölzernen »Tjalken« erfolgte der Transport des Torfes über die Kanäle. Der Brennstoff wurde sogar in ferne Städte wie Hamburg geliefert. Parallel dazu entwickelte sich der Schiffbau. In Raum 8 können Besucher einen Blick in die Werkstätten von Schmied, Zimmermann, Seiler und Segelnäher werfen.

Noch bis zum Zweiten Weltkrieg war es in der Provinz Groningen ein gewohntes Bild, dass Frauen und sogar Kinder am Ufer entlangliefen und Boote an einem Seil durch die Kanäle zogen – das sogenannte Treideln. Ein »Trekseel« in Raum 8 vermittelt eine Ahnung von der Schwere dieser Arbeit und gehört zu den wenigen interaktiven Elementen in diesem Muse-

Museumskarte

Eifrige Museumsgänger sollten den Kauf der »Museumkaart« erwägen. Mit dieser Karte hat man ein Jahr lang freien Eintritt zu mehr als 400 Museen in den Niederlanden, darunter alle großen in Groningen (Groninger Museum, Schifffahrtsmuseum, Comicmuseum und Grafisches Museum – das Universitätsmuseum ist ohnehin gratis). Gewissermaßen der ultimative Schlechtwettertipp!

Was kostet die Museumskarte? 54,95 € (Erwachsene), 27,50 € (bis 18 Jahre), plus 4,95 € Verwaltungsgebühr.

Alles Weitere unter: www.museumkaart.nl

Im Schifffahrtsmuseum: Zimmer eines Kanalschiffers mit Butze und Tonpfeifen-Sammlung

um. Die Vielzahl der Schiffsmodelle und -gemälde verlangt Kindern vermutlich einige Geduld ab. Sollte ihr technikbegeisterter Vater längere Zeit in der Motorenhalle (Raum 17) verweilen, sollten sie sich auf jeden Fall noch auf die Suche nach Raum 14 machen (zu erreichen über die Treppe in Raum 2): Dort ist unter anderem ein Walauge ausgestellt, groß wie ein Granatapfel. Ein Muss für die ganze Familie und für Kinder vermutlich der Clou schlechthin: die computeranimierte 3D-Reise ins spätmittelalterliche Groningen, gleichsam eine Kamerafahrt durch die Gassen der Stadt anno 1470, vorbei an Stadtmauer und Kloster, an Lagerhäusern und dem Arbeitsplatz des Henkers …

Schifffahrtsmuseum

Brugstraat 24–26, Tel. 050-3122202, Di–Sa 10–17 Uhr, So und Feiertage 13–17 Uhr. Erwachsene 6 €, Senioren und Kinder von 7 bis 15 Jahren 3,50 €, www.noordelijkscheepvaartmuseum.nl

Universitätsmuseum

Das University Museum hat zwei ganz unterschiedliche Gesichter: auf der einen Seite die halbjährlich wechselnden Ausstellungen im Erdgeschoss, über die man sich am besten vorab im Internet informiert, auf der anderen Seite die Dauerausstellung im ersten Stock. Wer die steinerne Treppe hinaufsteigt, gelangt in einen großen Saal mit »klassisch akademischer Atmosphäre«, wie Rolf ter Sluis, der Kurator und Chefkonservator, es nennt. In Kästen und Vitrinen wird hier ein Querschnitt aus den unterschiedlichsten Disziplinen präsentiert, von Anatomie bis Zoologie. Es ist eine handverlesene Auswahl aus einer der größten Sammlungen in den nördlichen Niederlanden. Das Ziel: deutlich machen, was Wissenschaft ist und wie sie vonstatten geht. Und dass am Ende allen Forschens oft nur neue Fragen stehen.

Das Angebot für Kinder ist auch im Uni-Museum sehr überschaubar. Man findet zwar einige kindgerechte Erläuterungen, allerdings nur auf Niederländisch. Einzelne Exponate – wie der Knochen eines Mammuts oder eine ägyptische Mumie – finden vermutlich auch so die Aufmerksamkeit kleinerer Museumsbesucher. Eine Vitrine ganz für sich allein beansprucht der Prototyp des weltweit ersten elektrischen Wagens – eine Erfindung von Sibrandus Stratingh. In den Jahren um 1835 machte der Professor aus Groningen mit verschiedenen Vehikeln von sich reden, die mal von Dampf und mal von nicht wiederaufladbaren Batterien betrieben wurden.

Nichts für empfindsame Gemüter ist die »Anatomiekammer«. Ausgestellt sind hier unter anderem rund 50 Präparate in Formaldehyd, darunter siamesische Zwillinge, sowie mehrere

Skelette, ein menschlicher Rumpf im Querschnitt und der erste Atlas des menschlichen Körpers (1555).

Ein weiterer kleiner Raum im ersten Stock ist dem Gedenken an eine außergewöhnliche Frau vorbehalten. Aletta Jacobs war nicht nur die erste weibliche Uni-Absolventin der Niederlande (s. Seite 107), sondern auch die erste Ärztin des Landes. Davon zeugen ihr Schreibtisch, einige handschriftliche Gutachten und die Instrumente, die sie als Hebamme genutzt hat. Auch hat Aletta Jacobs andere Frauen dazu animiert, ein Diaphragma (»Dutch Cup«) zu nutzen, um nicht schwanger zu werden. Und sie hat sich für das Frauenwahlrecht starkgemacht, national wie international – ein großer Koffer erinnert an ihre vielen Reisen.

Büste der Ärztin und Frauenrechtlerin Aletta Jacobs in der Oude Kijk in 't Jatstraat

Universitätsmuseum

Oude Kijk in 't Jatstraat 7a, Tel. 050-3635083, Di–So 13–17 Uhr, an Feiertagen geschlossen. Eintritt frei. www.rug.nl/museum

Comicmuseum

Deutsche Touristen männlichen Geschlechts, die reflexhaft loslaufen, weil ihnen das Nederlandse Stripmuseum zu Ohren gekommen ist, werden schwer enttäuscht sein: Nein, kein Haus mit roten Lichtern, sondern eins mit bunten Bildern – Comicstrips eben, auf Deutsch meist nur Comics, auf Niederländisch nur Strips genannt. Seit 1858 gibt es diese Gattung in den Niederlanden, und was die produktiven Vertreter dieser Kunst seither geschaffen haben, wird in diesem Museum dokumentiert. Eric der Normanne, Agent 327, Ollie B. Bommel, Suske & Wiske

Fotofestival Noorderlicht in der A-Kirche

– bei einem Rundgang begegnen uns niederländische Kinderzimmer-Helden, wie sie unterschiedlicher kaum sein könnten. Aber auch deutsche Besucher entdecken vertraute Gesichter, zum Beispiel Asterix, Tim und Struppi oder Donald Duck. Comicfans bekommen unter anderem einen filmischen Einblick in die Werkstatt renommierter Karikaturisten. Ein Museum, das man sich gut auch mit älteren Kindern ansehen kann (s. Seite 45).

Comicmuseum

Westerhaven 71 (ab 2019 im Groninger Forum), Tel. 050-3178470, Di–Fr 12.30-17 Uhr, Sa und So 10–17 Uhr. In Ferienzeiten Di–So 10–17 Uhr, Mo 12.30 bis 17 Uhr. Erwachsene und Kinder ab 12 Jahre 8,95 €, Kinder von 3 bis 11 Jahren und Senioren 7,50 €, Studenten unter 26 Jahre 5 €, www.stripmuseum.nl

Galerien

Kunstfreunde sollten unbedingt auch etwas Zeit für einen Besuch der Galerien in Groningen einplanen. Die Galerie Ann's Art präsentiert auf einer Fläche von 200 Quadratmetern bei Vos Interieur (Laan Corpus den Hoorn 100, siehe Seite 55, www.annsart.nl) vor allem zeitgenössische Kunst. Ann's Art verkauft nicht nur Kunst, sondern vermietet sie auch – Letzteres ist in den Niederlanden verbreiteter als in Deutschland.

Mitten im Zentrum liegt die Galerie Noorderlicht (Südseite A-Kirche, www.noorderlicht.com). Noorderlicht hat sich in den vergangenen 20 Jahren einen Namen vor allem mit Dokumentarfotografie gemacht, auch durch die Organisation des gleichnamigen Fotofestivals (s. Seite 30).

Festivals

Noorderlicht

Alle zwei Jahre im Herbst öffnet sich in Groningen ein Fenster zur Welt: Dann präsentieren internationale Fotografen ausgewählte Werke an ausgewählten Standorten. Mal steht das Festival unter dem Motto »Städtisches Leben im urbanen Zeitalter«, mal nähern sich die Fotokünstler kritisch dem digitalen Zeitalter, mal beleuchten sie das Verhältnis von Wissenschaft und Kunst. Seit 1990 organisiert die Galerie Noorderlicht dieses Festival, das zu den wichtigsten seiner Art weltweit gehörte und doch von finanziellen Kürzungen nicht verschont blieb.

Noorderzon: Soundcheck für ein Gratiskonzert

Highlights

Frühjahr
Blumenjahrmarkt (Karfreitag)
Königstag (27. April)
»Befreiungsfestival« (5. Mai)
Swingin' Groningen
(Juni oder Juli)

Sommer
Zomer Welvaart (Juli)
Paradigm Festival (August)
Noorderzon (August)
»Bommen Berend« (28. August)

Herbst
Noorderlicht (September/ Oktober)*

Winter
Winter Welvaart (Dezember)
EuroSonic Noorderslag (Januar)

*alle zwei Jahre in Groningen, im Wechsel mit Leeuwarden

2019 ist Groningen wieder an der Reihe (Thema, Ausstellungsorte und beteiligte Fotografen unter www.noorderlicht.com).

Noorderzon

Es soll Groninger geben, die nehmen extra zwei Wochen Urlaub, wenn Noorderzon ist. Nicht um zu flüchten, sondern um möglichst viel mitzubekommen. Manch einer vergleicht das Noorderzon sogar mit dem Kölner Karneval – als eine Art Auszeit, in der man es auch im Büro etwas ruhiger angehen lässt. Was das Noorderzon genau ist, ist nicht ganz einfach zu beschreiben. Aus einem kleinen Musikertreffen hat sich hier im Laufe von über zwei Jahrzehnten »Europas größtes Kulturfestival« mit bis zu 150.000 Besuchern pro Jahr entwickelt – immer an den elf Tagen vor dem letzten Augustsonntag, immer auch schwerpunktmäßig im Noorderplantsoen, dem sonst so ruhigen Park im Nordwesten der Altstadt (und daneben an mehreren anderen Orten in der Stadt). Der Noorderzon, das ist ein produktives Nebeneinander von lokalen Akteuren und internationalen Acts, von Kleinkunst, die 15 oder 20 Minuten dauert, bis hin zu abendfüllenden Premieren international renommierter Künstler. Auch wer kein Niederländisch kann, findet seine Varieté-, Tanz- oder Musikveranstaltung, auf der er ohne große Sprachkenntnisse ein paar anregende Stunden verleben kann. Pro Abend gibt es im Schnitt 50 Veranstaltungen, man ist also klug beraten, wenn man sich vorab »seine« Favoriten im Programmheft oder im Internet heraussucht und vielleicht auch schon ein paar Karten reservieren lässt (online möglich ab Ende Juli). Viele bummeln aber auch einfach nur durch den illuminierten Park. Und das Konzert einer Band auf einer Bühne am See mitten im Park – allabendlich ab 22.30 Uhr – ist ohnehin gratis. Übrigens: Das Noorderzon läuft nur dank der Unterstützung von mehreren hundert Freiwilligen aus Groningen. Sie verkaufen die Tickets oder zapfen das Bier und investieren dafür nach Veranstalterangaben fast 40.000 Stunden Zeit (mehr unter www.noorderzon.nl).

EuroSonic Noorderslag

Noch so eine Erfolgsgeschichte. Sie begann als Wettstreit zwischen zehn belgischen und zehn niederländischen Bands. Das war 1986. Im Jahr darauf tobte die musikalische »Schlacht« zwischen Bands aus dem Norden und dem Süden der Niederlande (daher der Name). Heute sind es im Grunde zwei Festivals. Beim Noorderslag treten niederländische Bands gegeneinander an. Und das EuroSonic ist inzwischen »das größte europäische Showcase-Festival« (Eigenwerbung) mit rund 400 Konzerten von nationalen und internationalen Künstlern auf diversen Bühnen. Das EuroSonic »funktioniert quasi wie der Eu-

Täglich eine Talkshow live vom Festival: Radio Noorderzon

rovision Song Contest, nur initiiert von Radiosendern« (musikexpress). Diverse europäische Länder schicken ihre Bands ins Rennen, und am Ende gibt es die begehrten Awards. Gerade Newcomer suchen hier ihre Chance, denn sie wissen: Die Vertreter der Agenturen und Plattenfirmen sind vor Ort. Wer an den Konferenzen und Fachgesprächen hinter und neben der Bühne teilnehmen will, muss sich vorher registrieren lassen. Der verspätete Neujahrsempfang für die Musikindustrie findet immer am zweiten Januar-Wochenende statt (www.esns.nl).

Paradigm Festival

Ein Muss für Fans von House, Techno und anderen Varianten der elektronischen Musik. Nicht unbedingt die großen Namen, Hauptsache kreativ. 2011, im ersten Jahr, nur ein Tag und ganze 2500 Besucher, 2018 bereits drei lange Tage im August mit mehr als 100 DJs auf sieben Bühnen und einem Campingplatz

für die vielen Gäste. 2018 zum ersten Mal auch bei der Suiker Unie, einer ehemaligen Zuckerfabrik im Westen Groningens (www.paradigm050.com).

Weitere Feste und Veranstaltungen

Blumenjahrmarkt: Riesiger Blumen- und Pflanzenmarkt, traditionell am Karfreitag. Rund 100.000 Gartenfreunde schieben sich über Grote Markt, Vismarkt, A-Kerkhof und durch die Oude Ebbingestraat.

Nationale Museumswoche: Traditionell in der ersten Aprilhälfte (www.nationalemuseumweek.nl). Landesweit beteiligen sich Hunderte von Museen, in Groningen sind das Grafische Museum, das Groninger Museum, das Comicmuseum, das Schifffahrtsmuseum und das Universitätsmuseum mit von der Partie. Am 27. April ist **Königstag**, eine Geburtstagsfeier zu Ehren von Willem-Alexander. Seine Mutter, Königin Beatrix,

Ein bisschen jeck sind sie schon, jedenfalls am Königstag

dankte am 30. April 2013 ab. Der Königstag ist ein Tag, an dem es in der Innenstadt von Groningen auch für Radfahrer kein Durchkommen mehr gibt, ein Tag auch, an dem der royale Niederländer die Farbe des Königshauses trägt: Orange. Niederländer haben einen »Hang zum Königshaus« (Stadtführerin): Bei Umfragen sprach sich wiederholt eine Mehrheit für den Fortbestand der Monarchie aus, und das quer durch alle Parteien, selbst unter Sozialisten.

Am **4. Mai** gedenken die Niederländer der Opfer des Zweiten Weltkriegs, am **5. Mai** der Befreiung von deutscher Besatzung. »Befreiungsfestival« mit mehreren Musikbühnen in der Innenstadt.

Swingin' Groningen: ein Musikfestival an einem Wochenende Ende Juni/ Anfang Juli, bei dem vor allem Freunde von Jazz, Soul & Swing auf ihre Kosten kommen. Konzerte unter anderem auf dem Grote Markt und dem Waagplein.

»Bommen Berend«: Schon tagsüber kann es etwas lauter werden...

Am 28. August feiern die Groninger alljährlich den Abzug von **»Bommen Berend«**, der der Stadt 1672 nach erfolgloser Belagerung den Rücken kehrte (s. Seite 107). Tagsüber trifft man sich zu einer großen gemeinsamen Mahlzeit oder einem Drachenbootrennen, abends zu Livemusik und um 23 Uhr zu einem Feuerwerk.

Am 29. August startet alljährlich die **ZomerJazzFietsTour**, bei der Radler auf fünf verschiedenen Strecken durch

... und abends lassen sie es dann richtig krachen

das Reitdieptal Jazz-Konzerte in alten Kirchen und Scheunen ansteuern.

Open Monumententag (Tag des offenen Denkmals), in der Regel am zweiten Samstag im September. Freier Eintritt unter anderem in den Martiniturm, aber auch in viele Denkmäler, die man sonst nicht besichtigen kann.

Mitte November wird traditionell der Einzug von Sinterklaas gefeiert. Und am 5. Dezember ist **Pakjesavond** (Päckchenabend), dann bringt Sinterklaas die Geschenke. Jahreshöhepunkt für kleine Niederländer (die sich danach dann auf Weihnachten freuen).

Winter Welvaart nennt sich ein Wochenende im Dezember (immer am letzten vor Weihnachten) mit Ausstellungen, Lesungen und Kleinkunst an Bord historischer Schiffe an Hoge de A und Lage de A. Alle Schiffe sind frei zugänglich, alle Veranstaltungen kostenlos. Das Schifffahrtsmuseum ist ebenfalls mit von der Partie. Seit 2015 gibt es als sommerliches Pendant die **Zomer Welvaart** (Juli).

Groningen kulinarisch

Groningen ist für vieles bekannt: für sein studentisches Leben, seine Architektur, sein Museum. Aber nicht für seine Küche. Traditionell geht es hier eher deftig und bodenständig zu. Und bei der Frage nach typischen Speisen will einem zunächst auch nicht viel mehr einfallen als Pfannkuchen, Matjes und Stamppot, ein Eintopfgericht aus gestampften Kartoffeln, Gemüse und geräucherter Wurst. Wen es hiernach gelüstet: Im Eetcafé Roezemoes

wird Stamppot das ganze Jahr über serviert, in saisonal unterschiedlichen Varianten (s. Seite 39).

Eigentlich gibt es nur eine echte Groninger Spezialität: Senf. Wobei Groninger Mosterd selbstverständlich viel mehr ist als nur ein ganz gewöhnlicher Senf. Groninger Senf ist eine Delikatesse, erhältlich auch in den Geschmacksrichtungen Honig, Knoblauch oder Petersilie. Beginnen sollte man mit dem Original, also dem Senf nach Groninger Art, dessen Körner grob gemahlen wurden.

Es soll auch immer noch Leute geben, die Kibbeling für eine holländische Spezialität halten. Doch das ist ein bisschen weit hergeholt. Kibbeling ist nichts weiter als Fischfilet (Seelachs, Seehecht oder Kabeljau), der gestückelt, in Backteig getunkt und dann frittiert wird. Man serviert ihn in der Regel mit Remouladensauce oder Knoblauchdip. Kibbeling gehört zur niederländischen Frittenbude wie die Currywurst zu Berlin – oft genauso lecker, gerade auch auf dem Vismarkt in Groningen, aber eben nichts Besonderes.

Man fragt sich also schon, warum ausgerechnet Groningen 2011 zur niederländischen »Hauptstadt des Geschmacks« gekürt wurde. Ein Grund ist sicher, dass

Ein Häppchen gefällig? Peter van de Velde vom Kaashandel van der Leij

Ja, Fisch gibt's auch auf dem Fischmarkt, neben vielen anderen leckeren Dingen

auch die regionale Küche mit Spargel, Scholle und Schafskäse durchaus ihre Reize hat. Und dass es Köche gibt wie Martin Jarings (»Brussels Lof« s. Seite 36), der nicht nur auf regionale Produkte und regionale Küche setzt, sondern sie geradezu neu erfindet. Und der dazu auch noch den ökologischen Gedanken verinnerlicht hat. Ungewohnte Gaumenfreuden verspricht auch die asiatische und hier vor allem die indonesische Küche, die in Groningen gut vertreten ist (Indonesien war bis 1949 die größte Kolonie der Niederlande). Stark angestiegen ist in den vergangenen Jahren die Zahl der Anbieter veganer Speisen, von Anat (s. Seite 39) über Herbavoor (Gedempte Zuiderdiep 59) bis hin zu etablierten Restaurants wie Brussels Lof (s. Seite 36) oder auch Bagels & Beans (s. Seite 37), die ebenfalls vegane Speisen auf der Karte haben.

Insgesamt gibt es ungefähr 150 Restaurants und ebenso viele Cafés, wobei vieles nicht ganz trennscharf ist. Manches heißt Café und ist doch eine Kneipe, anderes heißt Eetcafé und ist doch ein Restaurant. Oder irgendwas dazwischen. In der Regel haben die Restaurants von 17 bis 22 Uhr geöffnet. Die, die bereits tagsüber geöffnet haben, unterscheiden meist – auch in den Speisekarten – zwischen »Lunch« (bis 17 Uhr) und »Diner« (ab 17 Uhr). Und noch etwas: Die Preise sind höher als in Deutschland, wenn man nicht gerade Düsseldorf zum Vergleich heranzieht. Und die Portionen sind oft kleiner.

Goudkantoor

Schmuckes Stadthaus aus dem Jahre 1635, beim Grote Markt um die Ecke. Vor allem die »Groninger mosterdsoep« ist eine gute Möglichkeit, sich an lokale Küche heranzutasten: eine Senfsuppe von angenehmer Grundschärfe mit Speck und Schwarzbrot. Ebenfalls einen Versuch wert: Rindfleisch- oder Käsekroketten mit Brot, Butter und – klar – Senf. Waagplein 1, Tel. 050-5891888, www.goudkantoor.nl

Mit »de Fiets« zum Markt: Martin Jarings vom Restaurant Brussels Lof ...

Brussels Lof

Für viele Vegetarier und Fischfreunde das erste Haus am Platz, und das seit über 30 Jahren. Koch Martin Jarings holt Fisch vom Markt, Pilze aus dem Wald und andere Zutaten aus dem Wattenmeer. Was er daraus macht, kann man in der offenen Küche verfolgen. Zu den Spezia-

... und das Ergebnis, am Abend serviert

litäten des Hauses zählt das Käsefondue (mit Brot, Salat und auf Wunsch einer Extraportion Knoblauch ab 15,90 €). Genießer wählen das Drei-Gänge-Überraschungs-Menü mit Fisch (35 €) oder vegetarisch (29,50 €). Vorher reservieren (Di–Sa von 17.30–21.30 Uhr).
A-Kerkstraat 24, Tel. 050-3127603, www.brusselslof.com

Dinercafé Soestdijk

Nur ein paar Schritte vom Brussels Lof entfernt. Benannt nach dem Palais Soestdijk, der früheren Residenz von Königin Juliana. Dabei hat das Café mit der Königsfamilie eigentlich nichts zu tun. Oder fast nichts. Denn Zufall oder Vorsehung wollten, dass zwei Prinzen – Maurits und Bernhard – hier während ihres Studiums jobbten. Dabei hat sich Maurits, während er so das Bier zapfte, in Marilène verguckt, die hier ebenfalls aushalf (ein Foto des damaligen Teams hängt links von der Theke). Inzwischen sind die beiden verheiratet, Ex-Königin

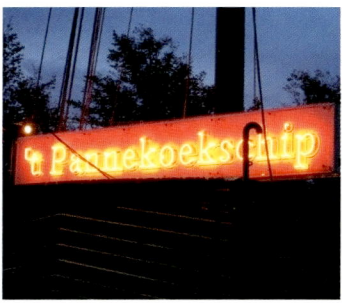

Einst ein stolzer Zweimaster, jetzt
eine Touristenattraktion – das
Pfannkuchenschiff

Nur wenige Minuten,
und der Pfannkuchen ist fertig:
Goos Postma, Koch auf dem Schiff

Beatrix verdankt ihnen bereits mehrere Großnichten und -neffen. Das Soestdijk hat an sieben Tagen in der Woche geöffnet. Gute Küche, von kleinen Leckereien (zum Beispiel Brot mit Aioli und Olivenpaste) bis zum „Königsmahl" (täglich wechselnd, meist etwas deftiger, zum Beispiel Steak mit Pommes und Salat). Grote Kromme Elleboog 6, Tel. 050-3145050, www.cafesoestdijk.nl

Bagels & Beans
… gibts in jeder größeren niederländischen Stadt, da darf eine Filiale in Groningen nicht fehlen. Im Angebot: frisch gepresste Säfte, Heiß- und Kaltgetränke, Bagel und Belag nach Wahl, Salat, Joghurt, Muffins, Brownie und, und, und. Vergleichsweise kurze Wartezeiten. Zwanestraat 30, Tel. 050-3112668, www.bagelsbeans.nl

Pfannkuchenschiff
Ein alter Zweimaster, Baujahr 1908. 43 Meter lang und 23 Meter hoch. War 80 Jahre lang als Segelschiff tätig und liegt nun fest verankert am Rande der Innenstadt. Vor allem bei Eltern beliebt: Es gibt bunte Speisekarten mit einer Rubrik extra für »Leichtmatrosen«, diverse Pfannkuchen, von naturell über süß bis herzhaft, vergleichsweise kurze Wartezeiten (ein Pfannkuchen inklusive mehrmaligem Wenden in der Luft braucht nur wenige Minuten), große Pötte mit Sirup und braunem Zucker zum Nachsüßen auf dem Tisch, ein kleines separates Spielzimmer und einen Wickeltisch. Außerdem können die lieben Kleinen hier wirklich nicht viel kaputt machen. Täglich geöffnet von 12 bis 21 Uhr (wobei man mittags eher unter Deutschen und abends eher unter Niederländern speist). Schuitendiep 1017, Tel. 050-3120045, www.pannekoekschip.nl

Javaans Eetcafé
Schräg gegenüber vom Pfannkuchenschiff. Ungewöhnliche Deko: Mehr als 280 hölzerne Katzen halten böse Geister fern (alter balinesischer Glaube). Ungewöhnlich auch die Musik: Im Hintergrund laufen Van Morrison, B. B. King und Fats Domino. Und ungewöhnlich auch das Essen: Paul van de Vegte hat sich komplett der traditionellen indonesischen Küche verschrieben. Klassi-

ker hier: Sateh, kleine Fleischstückchen (Schwein, Huhn, Schaf und Rind) auf Holzspießen. Dazu verschiedene Reissorten und ganz viele Schälchen mit Gemüse in Kokossoße, Ei in scharfer Sambal-Kokossoße, gerösteten Kokosraspeln, pikanten Kartoffelsticks und, und, und. Vieles ist süß und scharf zugleich, also typisch für Java, sagt van de Vegte. Am populärsten: die Reistafel „Deluxe" (29,50 €).

Schuitendiep 33, Tel. 050-3603631, www.javaanseetcafegroningen.nl

't Feithhuis

Schmuckes Stadthaus gegenüber der Martinikirche, benannt nach einem der Vorbesitzer namens Feith. Man sollte sich vom repräsentativen Eingangsbereich mit Marmor und Kronleuchter nicht allzu sehr beeindrucken lassen – es geht locker zu. Im Raum links eine lange Bar aus Beton, die immer noch ein bisschen unfertig aussieht, der Architekt wollte es so. Gleich rechts die Lümmelecke mit Ledersessel, wer will, zieht die Schuhe aus. Das Nebeneinander von Kaffeehaus-Atmosphäre und Restaurant ist Prinzip.

Auf der Speisekarte originelle Gerichte wie das Katerfrühstück (Omelett, doppelter Espresso, Kopfschmerztablette), aber auch Klassiker wie der »Stramme Max« (Brot mit Schinken, Käse und Spiegelei). Seit 2009 wird alles, ob Käse, Fisch, Fleisch oder Eiscreme, aus den Provinzen Groningen, Friesland und Drenthe bezogen. Der Schinken zum Beispiel, gepökelt und luftgetrocknet, stammt von frei laufenden Schweinen eines Bauern aus Drenthe, der nie mehr als 48 Tiere hält. Wer die Feithhuis-Küche testen möchte, wähle eine Kombination aus verschiedenen Vorspeisen oder das langsam gegarte Schweinefleisch in Basilikum-Sauce – eine Empfehlung des Küchenchefs.

Martinikerkhof 10, Tel. 050-3135335, www.feithhuis.nl

Eetcafé Roezemoes

Alter Pub am Gedempte Zuiderdiep, hat sich vor allem mit einer »Spezialität« einen Namen gemacht: Stamppot, dem typisch holländischen Eintopf – mit Frikadelle, Rauchwurst oder vegetarischem Soja-Knödel. Wird ab 17 Uhr serviert, im Sommer auch mit Endivien und Rucola, im Winter unter anderem mit Sauerkraut

Das Feithhuis: tagsüber ein Ort für einen Kaffee …

… oder die Zeitungslektüre, abends ein gut besuchtes Restaurant

Voilà, es ist angerichtet – im Feithhuis gibt es weit mehr als nur »belegde broodjes«

oder Grünkohl (13,50 €). Ebenfalls ein Klassiker: die Groninger Reistafel (12,50 €), ein Bohnengericht mit Schinkenspeck, gehackter Zwiebel, Gurken und Apfelmus sowie – wahlweise – mit Frikadelle oder Rauchwurst. Kurzum: Hausmannskost, Marke deftig.
Gedempte Zuiderdiep 15, Tel. 050-3148854, www.eetcafe-roezemoes.nl

Anat

ist der Vorname einer jungen Frau, die 2015 ein gleichnamiges Café direkt neben dem Noorderplantsoen eröffnet hat, das erste in Groningen nur mit veganen Speisen. Immer im Angebot: die Schoko-Torte (4€), der Lavendel-Kuchen (3,50€) sowie Suppe, Salat, Sandwich und Smoothie. Täglich von 10 bis 17 Uhr. Mit Terrasse.
Verlengde Grachtstraat 1, Tel. 050-7504335, www.anat.nu

Mr. Mofongo

Man weiß nicht, was man ungewöhnlicher finden soll: die Speisekarte oder die Geschichte, die dazu erzählt wird. Die Geschichte jedenfalls geht so: Bei einem seiner Tauchgänge in der Karibik traf Patrick Beijk, Unterwasser-Fotograf aus Groningen mit Wurzeln auf den Niederländischen Antillen, einen charismatischen Mann namens Mofongo. Dieser lud ihn ein zu einem Cocktail, und als die Sonne unterging, war eine Freundschaft geboren. Mofongo, ein Weltenbummler mit abenteuerlicher Vita und einer Vorliebe für exotische Speisen, brachte von seinen vielen Reisen eine beeindruckende Sammlung von Rezepten mit. Und als er eines Tages seinen Freund in Groningen besuchte, war der Weg nicht mehr weit zu einem Restaurant mit internationaler Küche. Cocktails gibt es natürlich auch (s. Seite 61).
Oude Boteringestraat 26, Tel. 050-3144266, www.mofongo.nl

Da isst man seine Suppe: De Soepwinkel

De Soepwinkel

Jeden Tag vier hausgemachte Suppen, alle frisch zubereitet, immer auch ein oder zwei vegane, die kleine Schale für 4,75 €, die große für 6 €. Auch zum Mitnehmen. Wer sich nicht entscheiden kann, nimmt drei Suppen in drei bunten Tassen für 6,25 €. Brot inklusive
Oude Kijk in ,t Jatstraat 12, Tel. 050-7370253, www.desoepwinkel.com

Vive la Vie

Restaurant mit übersichtlicher Karte: das „Überraschungsmenü", das alle paar Wochen wechselt, besteht aus vier bis sieben Gängen (39 bis 59 €). Besit-

In einschlägigen Restaurantführern vertreten: Jeroen Sportel

zer und Chefkoch Jeroen Sportel hat sich einer »französischen Küche mit internationalen Einflüssen« verschrieben. Sportel war bereits Mädchen für alles in einem Eetcafé, aber auch sechs Jahre Chefkoch in einem Haus, das unter seiner Regie den Sprung in einschlägige Restaurantführer wie Michelin und Gault-Millau schaffte, Voraussetzung auch für die Aufnahme in »Jeunes Restaurateurs«, einer Vereinigung junger Spitzenköche. Im Vive la Vie isst das Auge tatsächlich mit, also Zeit mitbringen (Di–Sa 18.00–21 Uhr) und genießen!
Oosterstraat 39, Tel. 050-8503970, www.vivelaviegroningen.nl

FLFL

Kleiner Laden mit eingeschränkter Karte, aber eigentlich wollen ohnehin fast alle nur diese leckeren Falafel, die es bei Jesse und Daan dienstags und freitags auch auf dem Fischmarkt gibt. Oder Shakshuka, eine Art Gemüsepfanne mit pochierten Eier, isst man in Israel angeblich schon zum Frühstück. Jesse hat fünf Jahre in Tel Aviv gelebt hat, weiß also, wie es geht. Vegan und von angenehmer Schärfe.
Oude Kijk in Het Jatstraat 44

Chang Thai Bistro

20 Jahre war Alex van Zijl Koch in einem thailändischen Restaurant. Dort arbeitete auch seine Frau, eine Thailänderin. 2018 haben sie in einer ehemaligen Busstation ihr eigenes Bistro eröffnet. Alex, der selbst noch nie in Thailand war, empfiehlt Massaman Curry (13,75 €) oder das wechselnde Menü (ab 2 Personen, 25 € pro Person). Von mild bis extra scharf.
Damsterplein 2-1, Tel. 050-3181721, www.changthaigroningen.nl

Boccaccio

Wer Hunger hat und sich nicht recht entscheiden kann, sollte den Bereich Kattendiep/Steentilstraat aufsuchen: Hier liegen gleich vier Restaurants (alle gehören einem Besitzer) unmittelbar nebeneinander beziehungsweise Rücken an Rücken: Cervantes (spanische Küche), Hemingway (kubanisch, vor allem Tapas), Moro (spanisch-arabisch) und Boccaccio (toskanisch). Im Boccaccio kommen vor allem Freunde einer guten ländlichen Küche auf ihre Kosten. Sollte man sich auch hier immer noch nicht entscheiden können, folgt man am besten dem Rat des Kochs: Ivar Havinga empfiehlt das Menü „Tavola della Famiglia" (drei bis fünf Gänge, ab 32,50 €). Im Sommer sitzt man am besten im Innenhof.
Steentilstraat 38, Tel. 050-3112126, www.viaromanica.nl/boccaccio

Das „Shakshuka" im FLFL

De kleine Moghul

… liegt nördlich der Altstadt, aber der Weg lohnt sich, vor allem für Freunde der indischen Küche. Wirbt damit, »das farbenfroheste Restaurant von Groningen« zu sein, was sicher stimmt. Helle bis grelle Farben zieren die Wände. Einfache hölzerne Tische und Stühle, zum Teil handbemalt. Aber das Wichtigste ist: Das Preis-Leistungs-Verhältnis stimmt. Fast alle Hauptgerichte mit Huhn um die 11 €, mit Lamm um die 12 € – und viel zarter kann das Fleisch in einem Edel-Restaurant auch nicht sein. Dazu werden unter anderem Papadam (hauchdünne Fladen aus Kichererbsenmehl) und Pilaw (Reis mit Mandeln und Rosinen) gereicht. Die Tandoori-Gerichte bereitet der Koch aus Bangladesh im Lehmofen. Speisekarte auch auf Deutsch. Keine Kartenzahlung möglich.
Nieuwe Boteringestraat 62, Tel. 050-3188905, www.moghul.nl

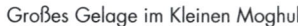

Großes Gelage im Kleinen Moghul

Ontbijt, Lunch & Diner

Was das Frühstück betrifft, geht es in Groningen nicht viel anders zu als in Oldenburg, Bremen oder Hamburg, sieht man einmal ab von pinda-kaas (Erdnussbutter), hagelslag (Schoko- oder bunte Zuckerstreusel) und dem Brot, das der Niederländer am liebsten weich, also ohne harte Rinde mag. Deutliche Unterschiede gibt es dagegen beim Mittagessen (lunch): Hier ist man in den Niederlanden generell zurückhaltend und begnügt sich mit einem einfachen, schnell zubereiteten Gericht (wie belegte broodjes). Ganz Eilige ziehen sich ihre Mittagsmahlzeit »aus der Wand«, sprich: aus einem Automaten mit kleinen Klappfenstern, zum Beispiel am Fischmarkt (Febo) oder in der Peperstraat (Max). Nachmittags gibt es vielleicht noch ein paar bitterballen, das sind panierte und frittierte Fleischkroketten, gefüllt mit einem Ragout aus Rind- oder Kalbfleischmasse. Die Hauptmahlzeit des Tages wird abends eingenommen, so gegen 18 Uhr. Dabei kommt im Vergleich zu Deutschland mehr Gemüse und weniger Fleisch auf den Teller. Vor dem Essen gönnt man sich vielleicht noch ein Gläschen Genever (Wacholderschnaps) oder Fladderak (süßer Zitronen-Kräuter-Aperitif) – beides wird von Hoog-houdt hergestellt, einer seit 1888 in Groningen ansässigen Brennerei (Führungen nach Voranmeldung, www.hooghoudt.nl). Und zum Abschluss gibt es einen Kaffee. Ungewohnt für deutsche Gäste: Manch eine Restaurantküche schließt bereits gegen 21.30 Uhr.

Alkoholfreies und Schwachprozentiges aus einem traditionsreichen Familienbetrieb

Kroketten und mehr »aus der Wand« (hier: am Grote Markt)

Mit Kindern in Groningen

Kinder und Großstädte, das ist eine Sache für sich. Das ist auch in Groningen nicht anders. Gerade für kleinere Kinder ist die Altstadt alles andere als eine Spielwiese. Hier gehören sie im Grunde genommen an die Hand ihrer Eltern, die Fahrweise und Schnelligkeit mancher Radfahrer lässt keine andere Empfehlung zu. Es sei denn, man leiht sich selbst ein Fahrrad. Dann kann man auch ruhigere Ecken aufsuchen, beispielsweise den Stadtpark mit dem vermutlich schönsten Spielplatz der Stadt und einem Kinderbauernhof (mit Streichelzoo und Ponyreiten).

Kinderbauernhof
Concourslaan 3, Tel. 050-5267542, www.ponyverhuur.nl

Ein weiteres Ziel außerhalb der Altstadt: das Sportzentrum Kardinge, unter anderem mit Schwimmbad, Kletterhalle und einer überdachten Schlittschuhbahn.

Sportzentrum Kardinge
Kardingerplein 1, Tel. 050-3676767, www.kardinge.nl

Nur fährt man deshalb nicht unbedingt nach Groningen. Die meisten Eltern werden mit ihren Kindern wohl doch die Altstadt ansteuern, und zu den Dingen, die man hier auf keinen Fall versäumen sollte, gehört der Martiniturm, genauer: eine Besteigung des Groninger Wahrzeichens. Karten für das große Drehkreuz am Eingang gibt es beim VVV. Der Aufstieg durch die schmale Wendeltreppe ist ein Abenteuer für sich, vor allem bei Gegenverkehr. Wir lernen: Die, die nach oben wollen, müssen warten und die anderen erst vorbeilassen. Kinder finden es auch spannend, an einem Glockenstrang zu ziehen (erste Ebene), eine Stadt und ihre Bewohner von oben zu betrachten (zweite Ebene) oder sich zu jeder vollen Viertelstunde die Ohren zuzuhalten und zu beobachten, wie der Klöppel gegen die riesigen Glocken schlägt (dritte Ebene). Beim Abstieg lohnt ein Blick auf das Dachgewölbe einer Kirche von oben. Danach will der Nachwuchs dann vielleicht ja auch noch wissen, wie so ein Gewölbe von unten aussieht. Jedenfalls sollte man unbedingt auch einen Blick ins Innere der Martinikirche werfen. Erstens, weil dieser Ort erholsam ruhig und im Sommer auch schön kühl ist, und zweitens, weil man hier seinen Kindern die Geschichte vom Heiligen Martin näherbringen kann. Er ist Namensgeber der Kirche und wurde richtig berühmt, weil er an einem kalten Wintertag seinen Mantel mit einem Bettler teilte. Eigentlich kein Problem für Martin, denn als römischer Soldat hatte er mehrere Mäntel, sagt Ton Heuvelmans, einer der Gästeführer in der Kirche. Oft fragen Kinder ihn, warum Martin nicht gleich seinen ganzen Mantel hergegeben hat. Heuvelmans entgegnet, dass dieser Mantel Martin nur zur Hälfte gehörte. Die andere Hälfte gehörte dem römischen Kaiser, und hätte Martin dem Bettler den ganzen Mantel gegeben, hätte er seinem Kaiser dessen Hälfte »gestohlen« – und das hätte ziemlich unangenehm werden können. Als Martin am Abend nach dieser guten Tat im Bett lag, erschien ihm Jesus und teilte ihm mit, dass er jetzt nicht mehr für den Kaiser, sondern für ihn, Jesus, arbeiten würde. Und das tat Martin dann auch. So jedenfalls erzählt es Ton Heuvelmans. In einem Seitenschiff der Kirche gibt es ein kleines Deckengemälde, das Sankt Martin und den Bettler zeigt. Lassen Sie Ihre Kinder suchen. Falls sie kein Glück haben – die Mitarbeiter der Martinikirche helfen gern.

Ebenfalls eine gute Möglichkeit, seine Kinder bei Laune zu halten, ist eine Grachtenfahrt. Kleinere Kinder haben vermutlich ihre Freude an einer Tour mit einem überdachten Boot (Start am Stationsweg 1012, Zeiten und Kosten s. Seite 84), größere Kinder favorisieren dagegen sicher eher die Tour mit Tretboot, Kanu oder Kajak – wobei dies eine Frage der Zeit und Kondition ist. Tretboot und Kanu darf man zu zweit nutzen, Kajak nur solo. Zwei Stunden sollte man schon veranschlagen, wenn man die Altstadt von Groningen einmal umrunden will. Damit die Tour kurzweiliger wird, bekommt man beim Kanuverleih 't Peddeltje ein Faltblatt ausgehändigt, in dem auf Deutsch 29 Sehenswürdigkeiten längs der Route beschrieben werden. Auf Wunsch können Schwimmwesten ausgeliehen werden. Für Wertsachen gibt es Schließfächer. Und für Unsport-

Der Heilige Martin an der Decke der Martinikirche

liche Elektroboote. Der Verleih wird betrieben von »Humanitas Onder Dak«, einer sozialen Organisation. Man findet ihn unter der Herebrug (gleich links vom Brückenhäuschen die steinerne Treppe runter).

Kanuverleih 't Peddeltje
Von Mai bis August Mi-So 12-18 Uhr,

Eine Oase in der Oase: der Kinderbauernhof im Stadtpark

Tipp vom Verleiher: Kajak und Kanu fahren sich einfacher als Tretboot

andere Wochentage und Monate vorab reservieren unter Tel. 088-1198860 (Mo-Do) oder 06-24505914 (Fr-So). Zwei-Stunden-Preis für ein Kanu 10 € (eine Person) bzw. 15 € (zwei Personen), Tretboot 20 €, Elektroboot 27,50 €, www.tpeddeltje.nl

Die Museen in Groningen sind nicht wirklich kindgerecht, sieht man vielleicht mal ab vom Comicmuseum. Leider sind die Erläuterungen im Museum nur auf Niederländisch. Auch wird sich kaum ein Kind die Mühe machen und den Text auf Deutsch lesen, den es an der Kasse gibt. Aber das tut auch gar nicht not. Denn Malwand, Fühlkasten

und die »AAAAH!«, »DOINK!« oder »SEUFZ« in den Sprechblasen erschließen sich auch so. Manchmal reichen auch nur ein paar Punkte, und man ahnt, was gemeint ist. Außerdem können Kinder im Comicmuseum selber malen, Filme über die Entstehung von Comics gucken und in einem Mini-Kino verfolgen, wie Donald Duck bei Freundin Daisy abblitzt…

Comicmuseum
Adresse, Eintrittspreise und Öffnungszeiten, s. Seite 29

Veranstaltungen für Kinder

Infos über aktuelle Angebote und Veranstaltungen in Groningen und Umgebung findet man im Internet unter: www.uitmetkinderen.nl (nur auf Niederländisch)

Im Comicmuseum versteht man vieles auch ohne Worte

Gesammelte Comic-Titelblätter

Essen mit Kindern

Eines vorweg: In Groningen gibt es Pommes und sogar ein Pfannkuchenschiff (s. Seite 37), das Überleben ist also grundsätzlich schon mal
gesichert. Aber es gibt eben auch noch ein paar andere nahrhafte Dinge. Hier ein Tipp für ein Fastfood-Menü, made in Netherlands (jedenfalls an Tagen, an denen der Markt auf dem Vismarkt ist, s. Seite 52):
Man reiche als Vorspeise einen kleinen Spieß mit warmen, gut gewürz-
ten Hackbällchen aus Hähnchenfleisch, als Hauptgericht den Vismarkt-
Klassiker, die Kibbeling, am besten gleich für alle zusammen die riesen-
große Portion, und zum Nachtisch
für jeden einen knackigen Apfel –
macht für eine vierköpfige Familie
zusammen zehn Euro. Nicht nur bei
niederländischen Kindern beliebt
ist auch Vla, ein dickflüssiger süßer
Pudding – gibt es in jedem Supermarkt und in unterschiedlichen Geschmacksrichtungen, zum Beispiel
Vanille, Schokolade und Erdbeer.
Allerdings kommt man, wenn man
unterwegs ist, ohne Hilfsmittel nur
schwer ran an das leckere Zeug –
am besten also mitnehmen und zu
Hause genießen.

Einkaufen in Groningen

»Shoppen bis zum Umfallen«, so warb Groningen vor Jahren in einer deutschsprachigen Broschüre – ein wenig verheißungsvolles Ende. Konsumwillige Besucher aus Deutschland sollten es als freundliche Warnung nehmen. Denn das Einkaufen in Groningen ist nicht ohne Risiken: Hier der kleine nette Laden, dort das in Deutschland garantiert nicht erhältliche Schnäppchen. Da gehen die Stunden ins Land. Wobei sich die Kompaktheit der Groninger Innenstadt auch in diesem Fall als großer Vorteil erweist.

Es gibt zwei Straßen, die immer wieder genannt werden, wenn es um die Vielfalt des Angebots geht. Auf der einen Seite die Herestraat, die Haupteinkaufsstraße von Groningen: Hier hat sich mit HEMA nicht nur ein großes holländisches Kaufhaus niedergelassen, hier konzentrieren sich auch die gängigen Marken- und Ketten-Läden. Weil man aber dergleichen oft auch zu Hause findet, sollte man gerade in Groningen die kleineren Nebenstraßen aufsuchen. Die Folkingestraat zum Beispiel, die immer dann erwähnt wird, wenn es um eine Einzelhandelsstruktur geht, wie man sie in Deutschland kaum mehr findet. Durch die Folkingestraat kommt zwangsläufig, wer vom Bahnhof oder Groninger Museum in Richtung Vismarkt geht. Sie ist Inbegriff für originelle Läden, lange Schläuche oft, nicht selten auch noch von ihren Eigentümern geführt. Kunst und Kochgeschirr, Couscous und Haschisch – alles ist hier vorrätig (zu den Grenzen beim Erwerb des Letzteren s. Seite 56). 2015 wurde die Folkingestraat bei einem Internet-Wettbewerb zur »Nettesten Einkaufsstraße in den Niederlanden« gekürt. Allerdings registrieren aufmerksame Beobachter einen schleichenden Wandel – die Lage ist einfach zu gut.

Die Oude Kijk in 't Jatstraat ist nicht nur geografisch gesehen eine Art Verlängerung der Folkingestraat, sondern auch mit Blick auf die Läden, die ähnlich bunt sind. Einfach über den Fischmarkt weiter in Richtung Noorderhaven gehen – nach gut 100 Metern kommt man an eine kleine Kreuzung. Geradeaus geht es in die Oude Kijk in 't Jatstraat mit ihren kleinen Geschäften. Die Grote Kromme Elleboog zur Linken mutet zunächst wie ein kleiner Platz an, es ist jedoch eine der wenigen gebogenen Straßen im Zentrum von Groningen, ebenfalls mit netten Läden und Cafés. Und rechts geht es durch die Zwanestraat in Richtung Grote Markt. Zwanestraat und Kromme Elleboog wurden 2016 zur „Nettesten Einkaufsstraße in den Niederlanden" gewählt. An der Zwanestraat kommt ohnehin nicht vorbei, wer sich neu einkleiden will. Auf rund 150 Metern gibt es über 30 Läden, vor allem Bekleidung und Accessoires für Frauen.

So wie die Zwanestraat für modische Kleidung und Haute Couture steht, so steht die Zuiderdiep für Antiquitäten, Kuriositäten und Kunst. Der An- und Verkauf floriert vor allem im westlichen Teil der Straße, etwa in den Häusern mit den Nummern 102, 114, 123, 124 und 131. Wer Schmuck, einen originellen Hut oder einen besonderen Käse sucht, wird sicher in der Oosterstraat fündig, die wie die Zuiderdiep bereits nicht mehr zur Fußgängerzone gehört. Begrenzt werden die Einkaufsfreuden in Groningen am Ende nur vom eigenen Geldbeutel und den Öffnungszeiten. Die meisten

Inbegriff für bunte Einkaufsvielfalt: die Folkingestraat

Alles Käse, und zwar vom Feinsten

Geschäfte haben von 10 bis 18 Uhr geöffnet, am »langen« Donnerstag bis 21 Uhr. Am Samstag ist um 17 Uhr Feierabend. Der Sonntag ist auch den Niederländern nicht mehr heilig: Viele Läden haben von 12 bis 17 Uhr geöffnet (Ausnahme: Oster- und Pfingstsonntag sowie Weihnachten). Nur am Montag bleiben die Türen vormittags geschlossen.

Kaashandel van der Leij

Käse gibt es – klar – auf dem Innenstadt-Markt. Wenn es allerdings eine spezielle Sorte sein soll (und noch dazu ein besonderes Einkaufserlebnis), dann führt kein Weg am »Kaashandel van der Ley« vorbei. So stellt man sich Holland vor: Käse, wohin das Auge blickt, groß wie Wagenräder. Mild und pikant, jung und alt, mit Kreuzkümmel und Nelken, mit niedrigem (Edamer) oder höherem Fettanteil (Gouda) – Peter van de Velde hat über 300 verschiedene Sorten im Angebot, gern reicht er auch mal ein Stück zum

Probieren über den Tresen. Sein persönlicher Tipp: »boerenkaas«, ein Käse aus roher, unbehandelter Milch der Region.

Oosterstraat 61–63, Tel. 050-3129331, www.kaasvanderley.nl

Droppie

Niederländer verdrücken pro Kopf und Jahr rund zwei Kilo Lakritz und halten damit locker den Weltrekord (der Durchschnittsdeutsche kommt gerade mal auf schlappe 200 Gramm). Seinen Bedarf deckt der anspruchsvolle Groninger bei Droppie. Ob süß, salzig oder mit Salmiak – hier gibt es rund 300 Bonbon- und Lakritzsorten, darunter auch solche, die in Deutschland apothekenpflichtig sind. Die extra-salzigen zum Beispiel, die zwar bei einer Erkältung helfen sollen, von denen Leute mit Bluthochdruck aber besser die Finger lassen. Die meisten Kunden lassen sich eine bunte Tüte zusammenstellen.

A-Straat 7, Tel. 050-3133103,
www.droppiegroningen.nl

Buchhandlung Godert Walter

Die Liebe zur deutschen Literatur verdankt er seinem Vater, der als Buchautor und Publizist tätig war und der in den Niederlanden ein Exil fand, erzählt Erik Kweksilber, der die Buchhandlung Walter Godert lange Jahre betrieben hat. Deutsche Literatur zu deutschen Preisen bleibt auch unter seinen Nachfolgern ein Spezialgebiet der kleinen Buchhandlung. Zwei Regale sind gefüllt nur mit deutschsprachiger Belletristik. Ältere Leute, die noch gut Deutsch können, zählen ebenso zu den Kunden wie junge deutsche Studenten. Weitere Spezialgebiete sind Architektur, Geschichte, Judaika, Fotobücher und – Groningen. Deutschsprachiger Lesekreis etwa alle sechs Wochen.

Oude Ebbingestraat 53, Tel. 050-3122523, www.godertwalter.nl

Der Tante-Emma-Laden für Naschkatzen: Droppie

De Klomp

Natürlich fährt man nicht nach Groningen, um eine Klobürste zu kaufen. Aber diesen kleinen Laden (gegründet

Fachhandel für Klobürsten, Teppichklopfer und andere praktische Dinge: De Klomp

1932) am Rande der Innenstadt muss man einfach gesehen haben, auch wenn der Teppichklopfer bei älteren Semestern eher unangenehme Erinnerungen wachrufen dürfte. Hier gibt es alles, was man im Haushalt so braucht, darunter Dinge, die es in Deutschland gar nicht gibt, einen einfachen Flaschenreiniger zum Beispiel. Kartenzahlung ist inzwischen auch hier möglich. Für Barzahler öffnet sich aber immer noch eine alte Registrierkasse aus dem Jahre 1883. Geöffnet Mi bis Sa.

Spilsluizen 8, Tel. 050-3130235 www. deklomp-groningen.nl

Bien

Markenkleidung für private und geschäftliche Zwecke, Geschenke, Wohn-Accessoires, Taschen, Vasen, Parfüm und, und, und – all das findet man in diesem „Conceptstore" von Sybien Huizinga. Die Besitzerin selbst sagt: „Die schönen Dinge des Lebens". Kleine Kaffeebar für wartende Männer, Mini-Spielplatz für Kinder.

Oosterstraat 54, 050-5532052, www. bienonline.nl

Leuk & Lekker

Olivenöl und Essigspezialitäten aus Italien, Frankreich oder Griechenland, Marmelade und Chutney aus Großbritannien, Wein aus Südafrika, Gazpacho aus Spanien, Pesto aus Ligurien – das ist die eine Hälfte von Leuk & Lekker, sozusagen die Abteilung Internationale Genussmittel. Daneben gibt es aber auch Kochbücher, Salatbesteck aus italienischem Olivenholz oder handbemalte türkische Keramik-Schälchen – das ist die Abteilung Geschenke. Zu den Spezialitäten des Hauses

zählen der Balsamico, wahlweise zwei, sieben oder gleich hundert Jahre gereift.

Grote Kromme Elleboog 8, Tel. 050-3188451, www.leuklekker.nl

Bonbonatelier Luca

Eigentlich ist Bonbonatelier nicht das richtige Wort für den kleinen Laden unweit der A-Kirche, denn hier werden keine Bonbons gefertigt, sondern Pralinen. Karin Lucas kombiniert klassische Zutaten wie Schokolade, Haselnuss oder Nougat mit frischer Ananas, Passionsfrucht oder Lavendel. Etwa 30 verschiedene Sorten, alle selbst gemacht, alle nach eigener Rezeptur, die Bonbonniere ab 7,10 €. Ab September 2018 serviert Lucas auch Kaffee, Tee, Kakao und Gebäck, auch hier fast alles - wie sollte es anders sein - mit selbst gemachter Schokolade.

Grote Kromme Elleboog 12, Tel. 050-3180500, www.bonbonatelierluca.nl

Simon Lévelt

Nein, es ist nicht einfach, bei schönem Wetter auf den schmalen Holzbänken vor der Tür von Simon Lévelt ein freies

Chutney in vielen Geschmacksrichtungen, entdeckt bei Leuk & Lekker

Handgemacht: Pralinen von Karin Lucas

Plätzchen zu finden. Denn zum einen ist der Kaffee gut, zum anderen kann man dank der Ecklage auch prima das geschäftige Treiben in gleich drei Straßen nahe der Uni beobachten. Natürlich kann man bei Simon Lévelt auch einfach nur ein Pfund Kaffee kaufen, von ganz mild bis ganz kräftig. Oder Kaffeemaschinen, zum Teil im Retro-Look, denn die sind das Hauptgeschäft.
Oude Kijk in 't Jatstraat 2, Tel. 050-3114333, www.simonlevelt.nl

Recessie
Das Recessie ist ein Secondhand-Laden mit Kleidung aus den 1960er, 70er und 80er Jahren. Mindestens drei Gruppen finden immer wieder den Weg zu ihm, sagt Inhaber Wolter Schoorl: 1. Leute, die ein ausgefallenes Outfit für die nächste Party suchen; 2. Künstler, die sich mal anders fotografieren lassen wollen; 3. deutsche Fußballfans, die ihre Sammlung um ein altes Trikot ihres Lieblingsvereins erweitern wollen, Bayern München ist genauso vertreten wie Komet Blankenese. Vor allem aber kleiden sich Studenten hier »neu« ein. In der Herrenabteilung findet man unter anderem den Anzug für die Beerdigung und dazu Hosenträger und

Schlipse auf dem Grabbeltisch. Ebenfalls vorrätig: gebrauchte Hochzeitskleider. Nur High Heels sind knapp.
Oude Kijk in 't Jatstraat 54, Tel. 050-3134810, www.recessie.com

Le Souk
Allein der Geruch – kaum hat man diesen Schlauch von Laden betreten, wähnt man sich auf einem orientalischen Basar. Links die nordafrikanischen Gewürzmischungen, außerdem Datteln, Feigen, Nüsse, Mandeln und die Theke mit eingelegtem Schafs- und Ziegenkäse, rechts die Reis-, Nudel- und Mehlspezialitäten und diverse Sorten Couscous. Und ganz hinten, am Ende des Schlauchs, die große Salatbar und alle Arten von Oliven. Wer warme Küche bevorzugt: das »Mechoui« gehört dem gleichen Besitzer und liegt schräg gegenüber (Hausnummer 38).
Folkingestraat 21, Tel. 050-3126936, www.winkellesouk.nl

TOYTOY
Seit über 25 Jahren die erste Adresse in Groningen für Fans von nostalgischem Krimskrams, zum Beispiel Handpuppen für große und kleine Kinder oder farbenfrohe Koffer in diversen Größen. Ein Renner sind das Kindergeschirr aus Bambus sowie Töpfe, Kannen und Schälchen aus Emaille. Im hinteren Teil des Ladens: Porzellangeschirr, Weingläser, Kristallleuchter und andere Vintage-Produkte.
Folkingestraat 11, Tel. 050-3146281, www.toytoygroningen.nl

Grote Markt und Vismarkt

Wer ans Einkaufen in Groningen denkt, denkt vermutlich zuerst an die Märkte zwischen Martini- und A-Kirche. Vor allem die Auswahl an Lebensmitteln ist groß. Auf dem Fischmarkt kann man an einem ganz normalen Dienstag im Sommer allein zwischen rund zehn verschiedenen Obst- und Gemüseständen wählen. Im Grunde besteht der Fischmarkt nur aus zwei Gassen, man läuft also am besten die eine Gasse hoch und die andere wieder runter. »Die Stände stehen alle durcheinander«, sagt Albert Jan Holthuis, der Marktmeister. Nur die Fischhändler versammeln sich an der Südseite des Marktes, weil es hier Wasser gibt – und das wird für das Reinigen der Ware und Wagen benötigt. Morgens um 4.30 Uhr kommen die ersten Händler – es dauert, bis der Fisch verkaufsgerecht präsentiert ist. Um 9 Uhr geht Holthuis über den Platz und prüft, ob alle Stände besetzt sind. Gegen 16 Uhr fallen die Preise, dann beginnen die Händler, Gemüse, Blumen und andere verderbliche Ware günstiger anzubieten. »Viele Leute warten darauf«, sagt Holthuis. Um 17 Uhr ist Schluss (bei ganz schlechtem Wetter auch früher). Der Abbau dauert noch einmal rund eineinhalb Stunden, dann kommt der Milieudienst und fegt zusammen.

Was wann gehandelt werden darf, steht in den Marktvorschriften. Fisch, Fleisch, Obst und Gemüse werden dienstags, freitags und samstags angeboten (9–17 Uhr). An Donnerstagen (13–21 Uhr) und verkaufsoffenen Sonntagen (13–17 Uhr) gibt es Waren unterschiedlichster Art, vor allem Textilien, allerdings nur auf dem Grote Markt.

Mittwochs ist wenig los (Bio-Produkte auf dem Fischmarkt), und montags ist Ruhetag. An Samstagen sind viele Deutsche da, sagt Holthuis, etwa »40 bis 50 Prozent«. Und beim Blumenjahrmarkt an Karfreitag sind es sogar bis zu 80 Prozent.

Backwaren auf dem Fischmarkt

Henriëtte Hartgers aus dem TOYTOY präsentiert ihre Renner

Mr. Franklin

Überwiegend Hornbrillen, made in Italy, dazu Gläser vom größten niederländischen Hersteller – Rick Messak, ein gelernter Jurist, verzichtet auf die großen Namen und schwört stattdessen auf sein Preis-Leistungs-Verhältnis (ab 95 €) Auch Sonnenbrillen, wahlweise mit grünen, blauen oder braunen Gläsern.
Folkingestraat 26, Tel. 050-3640669, www.mrfranklin.nl

Bellucci

Ein Damen-Modegeschäft, das keiner Kette angehört und nur in Groningen existiert. Und das sich den »exklusiven Labels« verschrieben hat, sprich: Marken aus London, Paris, Antwerpen, Brüssel. Da darf man dann auch sicher sein, dass von der Jacke, die man gerade für 399 € erstanden hat, nur einige wenige Exemplare über den Ladentisch gehen. Das Angebot ist sportlich bis klassisch und vor allem überschaubar. Historisch interessierte Kundinnen sollten einen Blick an die Decke werfen: Früher arbeitete hier ein jüdischer Metzger, geblieben sind ein paar Fleischerhaken.
Folkingestraat 16, Tel. 050-3600007, www.bellucci-exclusivelabels.nl

Eissalon Toscana

Das wohl teuerste, aber auch leckerste Eis von ganz Groningen. Mit so eigenwilligen Sorten wie Käsekuchen, weiße Johannisbeere (biologisch) oder Zitrone-Basilikum (läuft gut bei Hitze). Und speziellen Angeboten für Diabetiker und Menschen mit Laktose- oder Gluten-Allergie. Die Kugel für 1,30 €. Gleich zwei Filialen in der Innenstadt:
Folkingestraat 47, Tel. 050-3110068, Steentilstraat 13, Tel. 050-3600102, www.toscana-ijssalon.nl

Ariola

Diese Tapenades! Diese Nudelgerichte! Und erst das hausgemachte Tiramisu!

Im Sommer bilden sich hier lange Schlangen: Eissalon Toscana

Lauter italienische Spezialitäten, jeden Tag frisch zubereitet von Meilien Quaranta (»Mama Ariola«) und ihrem Team, das nebenbei noch Büfetts für bis zu 100 Personen zaubert. In die kleine Küche im hinteren Teil des Ladens darf nur ein Mann – »für den Abwasch«. Draußen vor der Tür zwei kleine Tische, mit Glück erwischt man einen freien Platz. Das Ariola wurde 2010 bei einer Internet-Abstimmung zum »leukste« Laden der Niederlande gewählt, was sich leider nicht direkt über-setzen lässt. Auf jeden Fall lecker!
Folkingestraat 54, Tel. 050-3181948

Happy Walker

Früher ein Kolonialwarenladen (De Gruyter), heute ein Schuhgeschäft. Schmucke Fassade, ein Mix aus Amster-

Tipp

Nachtschwärmer, die nach einem langen Stadtbummel ihre Einkaufstüten oder ihre Jacken sicher zwischenlagern wollen, können dies bei StadsGarderobe in der Poelestraat 8. Jacke 2 €, kleine Tasche 2,50 €, große Tasche 4 €. Geöffnet Di von 22 bis 6 Uhr, Mi - Sa von 22 Uhr bis zum nächsten Morgen um 7 Uhr.

Serviert das hausgemachte Tiramisu: Meilien Quaranta alias »Mama Ariola«

damer Schule (s. Seite 19) und Jugendstil. Auch das Interieur ist geblieben. Wo einst die Butter gelagert wurde, liegt heute die Schuhcreme. Bequeme Markenschuhe für Damen und Herren, zum Beispiel niederländische wie „Loints" oder „Wolky". Familienbetrieb in dritter Generation.

Steentilstraat 2–4, Tel. 050-3137264, www.happywalker.eu

Vos Interieur

Ehemalige Möbelfabrik und Stammhaus der Designerfamilie Vos, etwas außerhalb der City. Nicht nur die hauseigene Linie, sondern auch andere namhafte Marken. Stühle, Tische, Sofas, Regale, Lampen – fast nichts, was auf den eineinhalb Etagen präsentiert wird, kommt gewöhnlich daher. Es muss ja nicht gleich der von Bart Voss entworfene Mahagoni-Schrank für 12.966 € sein. Man kann sich auch einfach nur ein paar Anregungen holen. Oder ein paar nette kleine Dinge wie den günstigen Sparschäler mitnehmen.

Laan Corpus den Hoorn 100, Tel. 050-5244244, www.vosinterieur.nl

Originelle Designerware: Vos Interieur

Coffeeshops

Ein lauer Augustabend gegen 21.40 Uhr, Autohof Apen. Drei Beamte des deutschen Zolls betreten einen Reisebus. Keine 20 Minuten später sind mehrere Tütchen Marihuana, noch originalverpackt, sichergestellt. Ein junges Pärchen hatte bei einem Tagesausflug nach Groningen insgesamt 15 Gramm gekauft und unter anderem in einer Tüte mit Weingummis versteckt. Nun sind 110 Euro futsch. »Das gibt eine Anzeige«, sagt Frank Mauritz, Pressesprecher des Hauptzollamts Oldenburg. Busse werden immer wieder kontrolliert. Welcher Bus oder welches Auto, »dafür haben die Kollegen einen siebten Sinn«. Zwei oder drei Fragen und sie wissen, bei wem die Suche lohnt, sagt Mauritz. Es kommt vor, dass »Heroin in den Windeln von Babys« gefunden wird. Dem Drogentourismus das Wasser abgraben, das wollte 2012 auch die konservative Regierung in Den Haag. Ausländer sollten in Coffeeshops nicht mehr bedient werden, so lautete der Plan. Die landesweit rund 600 »Hasch-Läden« sollten vielmehr in geschlossene Clubs umgewandelt werden, offen nur noch für Clubmitglieder mit Ausweis (»Wietpass«). Und den sollten nur noch volljährige Niederländer bekommen. Diese Pläne blieben jedoch umstritten. Wichtiger noch: Sie wurden und werden von Gemeinde zu Gemeinde sehr unterschiedlich verfolgt. Tendenziell sind es eher die Städte in den südlichen Provinzen, die eine Abgabe an Ausländer verbieten. In Groningen werden Deutsche, deren Anteil unter den Kunden nach Angaben von Coffeeshop-Betreibern bei unter zehn Prozent liegt, wohl auch in Zukunft Haschisch und Marihuana in kleinen Mengen erhalten.

Insgesamt gibt es in Groningen ein gutes Dutzend offiziell genehmigter Coffeeshops. Der Fliegende Holländer ist der älteste Coffeeshop der Stadt. Verkauft wird grammweise, in kleinen Plastiktütchen mit Firmenlogo. Wer möchte, kann den Stoff gleich vor Ort in einer Raucherkabine testen. Die meisten halten sich nicht lange auf. Ein kurzer Blick auf die Preise, ein schnelles Schnuppern – und tschüss. Wer über 18 Jahre ist, darf fünf Gramm am Tag erwerben. Bei mehr geht die niederländische Polizei davon aus, dass es sich nicht mehr um Eigenbedarf handelt. Und der deutsche Zoll sowieso – siehe oben.

Hanfprodukte, verkaufsfertig abgepackt

Zu später Stunde am Grote Kromme Elleboog

Groningen bei Nacht

Eine Stadt mit weit mehr als 100 Kneipen und Diskotheken? Eine Stadt noch dazu ohne Polizeistunde? Viel mehr kann der geneigte Nachtschwärmer eigentlich nicht erwarten. Man muss schon weit fahren, sehr weit, um eine ähnliche Dichte an Kneipen zu finden. Der große Vorteil für Ortsfremde: Das Groninger Nachtleben konzentriert sich auf einige wenige Straßenzüge in der Altstadt. Als »Epizentrum« gilt die Poelestraat östlich vom Grote Markt. Vor allem bei Jüngeren sehr beliebt ist auch der größte zusammenhängende Kneipenkomplex Europas. Im »Drie Gezusters« an der Südseite vom Grote Markt verteilen sich rund 20 Bars über vier Etagen (s. Seite 62), man braucht also für eine Kneipentour nicht einmal mehr das Haus zu wechseln.

Am Grote Markt und in der Poelestraat sind auch die meisten Diskotheken. Vor allem an Donnerstagen ist es hier »megavoll« und »megageil« (Internetkommentare). Und außerdem megabillig, denn am Donnerstag ist »Studentenavond«. Dann kostet das Bier oft nur einen Euro oder sogar noch weniger, dann gibt sich der akademische Nachwuchs, bevor er am Freitag heimfährt, noch einmal so richtig die Kante. An Samstagen wiederum sind junge Leute aus dem Groninger Umland – mitunter geringschätzig »Boeren« (Bauern) genannt – überrepräsentiert.

Vor dem Groninger Hauptbahnhof geht es abends vergleichsweise ruhig zu

Nur ist dieser Trubel wahrlich nicht jedermanns Sache. Wer es eine Nuance ruhiger wünscht, fühlt sich vermutlich in einer der Kneipen am Grote Kromme Elleboog oder auch am Gedempte Zuiderdiep deutlich besser aufgehoben. Am Zuiderdiep, einer für Groninger Innenstadtverhältnisse richtig breiten Straße, findet sich mit Glück auch noch ein freier Stuhl auf einer der Terrassen.

Es ist wie so oft im Leben: Man muss wissen, was man will. Auch musikalisch gesehen. Funkfans schätzen das »Café Buckshot« (s. Seite 60), Heavy Metal hört man in der »Benzinebar« (s. Seite 64) und Underground-Töne im »Vera« (s. Seite 59). Trendsetter oder Leute, die sich dafür halten, favorisieren das »&zo« (Poelestraat 53–55), Traditionalisten gehen lieber ins »Eetcafé d'Ouwe Brandweer« (s. Seite 61), »Café de Sleutel« (s. Seite 64) oder »Café Wolthoorn & Co« (Turftorenstraat 6). Es gibt Kneipen, die sich seit ewigen Zeiten nicht verändert zu haben scheinen, doch genau das ist mitunter Prinzip und sichert ein treues Stammpublikum. Meist hält man sich ohnehin nicht lange an einem Ort auf. Im Grunde genommen lautet das Motto für einen gelungenen Groningen-Abend:

Man laufe von einer Vergnügungsstätte zur nächsten, was erleichtert wird durch die Tatsache, dass nur selten Eintritt erhoben wird, und mache sich nicht zu früh auf den Weg. Richtig voll wird es auf den Straßen erst nach Mitternacht. Früher war immer schon um zwei Uhr Schluss, erinnnern sich ältere Groninger, doch dann wurde der Andrang so groß, dass man sich entschloss, die Sperrstunde aufzuheben.

Noch ein für deutsche Gäste nicht ganz unwichtiger Tipp: Der Konsum von Alkohol in der Öffentlichkeit ist verboten, wird also von der Polizei nicht gern gesehen und, wenn es hart kommt, mit einer Strafe von 90 € geahndet.

Der Witz

Ein Handtuch von Kneipe am Grote Markt. Die Deko hat fast schon musealen Wert. In den wärmeren Monaten große Terrasse und Ausschank bis in die Puppen. Zur Auswahl stehen um die zehn Biersorten vom Fass und weitere 50 aus der Flasche, darunter Klostergebräu aus den Niederlanden und Belgien, aber auch »Jever«. Freier Blick auf den Martiniturm, manchmal, in dunklen

Stadt ohne Sperrstunde – ausgeschenkt und gezapft werden darf bis in die frühen Morgenstunden …

… und morgens ab 10 Uhr gibt es im »Witz« auf Wunsch auch eine heiße Schokolade

Sommernächten, leuchtet nur noch die große Uhr am Himmel.
Grote Markt 47, Tel. 050-3141417, www.derwitz.nl

News Café

Ab 10 Uhr Frühstück, mittags Sandwiches, Suppen, Salate und Smoothies, ab 18 Uhr die große warme Mahlzeit im Restaurant (erster Stock). Club im Keller (früher ein Atombunker) wird an Gruppen vermietet. Zentraler geht es nicht, hier kommt fast jeder mal vorbei.
Waagplein 5, Tel. 050-3111844, www.newscafe.nl

Het Pakhuis

Etwas zurückliegend in der Peperstraat. Mixtur aus Restaurant (1. Etage) und Kneipe (im Erdgeschoss). Nachts tanzt hier der junge niederländische Bär. Musik quer durch den Garten, von Rock über Disco, Funk bis Soul. Auch Livebands.
Peperstraat 8–2, Tel. 050-3110219, www.hetpakhuisgroningen.nl

Vera

Eine Institution. Der »Club for the International Pop Underground« – und dazu zählten vor langer Zeit auch Bands wie U2 und Nirvana, die alten Plakate schmücken noch den Backstage-Bereich – hat viele eingeschworene Fans. Mehrere Konzerte pro Woche, entweder im Keller oder im Saal. Wer die steinerne Treppe zum kleinen Gewölbekeller hinabsteigt, dem schlägt Hitze und bisweilen auch Schweißgeruch entgegen. Um es euphemistisch zu sagen: Hier wird noch ehrliche Rockmusik mit der Hand gemacht. Im Saal, einer ehemali-

gen Mensa, spielen bekanntere Bands. Oder es gibt Musik aus der Konserve, sprich: vom DJ. Außerdem Kinoabende. Ein Großteil der Arbeit an Kasse, Garderobe, Bar und Technik wird von Freiwilligen erledigt, mehr als 200 sollen es sein.
Oosterstraat 44, Tel. 050-3134681, www.vera-groningen.nl

Chupitos Shooterbar

Ein dunkler Raum, rechts die Tanzfläche (House, Latin, Hip-Hop), links der Tresen. Und auf dem werden sie entflammt, die Shots, kleine Mixgetränke in kleinen Gläsern, vielleicht noch mit einer Orangenscheibe obendrauf und einer Prise Zimt – fertig. Insgesamt gibt es über 200 solcher Shots, hergestellt aus hauseigenen Likören. Chupitos heißt frei übersetzt: „Kurzer" oder „Schluck". Studentischer Hot Spot.
Peperstraat 9, www.chupitos.nl

Een, twee, drie – Konzert im Vera

Café Buckshot

Musik-Café und erste Adresse für die Fans von Funk, Jazz und Soul. Im Erdgeschoss geht es ruhiger zu (außer sonntags, dann ist gegen 16.30 Uhr die Stunde der Live-Bands). Tänzer gehen am besten gleich in den ersten Stock. Im Sommer gut frequentiert: die Außenterrasse vor dem schmalen Altbau. Das »Grand Café Groningen« in dem schmucken Bau links daneben ist vom gleichen Besitzer. Nur dass hier ruhigere Töne zu hören sind. Passt vielleicht auch besser zu Lunch, Diner oder Kuchen.
Gedempte Zuiderdiep 58, Tel. 050-5892758, www.buckshotcafe.nl

Eetcafé d'Ouwe Brandweer

Ideal für hungrige Feuerwehr-Nostalgiker, die Speisen mit Namen wie »Leiterwagen« (Spareribs), »Blinklicht« (Saté) oder »Kurzschluss« (Ziegenkäse mit Apfelsalat) am liebsten unter Fotos von spekta-

Logenplätze am Zuiderdiep 3

Café de Oude Wacht

Seit 1955 gibt es dieses »Café«, und das Schöne ist: Richtig viel hat sich seither auch nicht verändert. Jedenfalls nicht bei den sichtbaren Dingen. 49 Jahre lang standen die Erstbesitzer hinter der Theke, dann haben Bert de Kleuver und Eddy de Boer den Pub übernommen. Eddys Vater ist Metzger, eine gute Voraussetzung für nahrhafte Tagesgerichte. Auch die Getränkekarte kann sich sehen lassen, im Ausschank sind allein 18 Weine. Ein Haus mit Geschichte und guter Lage. Schon im 16. Jahrhundert wartete man hier an der Gracht auf sein Fährschiff. 1939 wurde das Haus zum Warteraum für Busgäste umgebaut – der Mauerstil und die in Blei gegossenen Fenster sind ein Beispiel für die Amsterdamer Schule (s. Seite 19). Bei gutem Wetter sitzen die meisten Gäste auf der Terrasse.
Gedempte Zuiderdiep 3, Tel. 050-3125341, www.oudewacht.nl

kulären Brandeinsätzen und Feuerwehrautos vertilgen. Von 1910 bis Mitte der 1980er Jahre lag die Brandwache von Groningen schräg gegenüber am Gedempte Zuiderdiep. Ein alter Schlauch schmückt den Tresen, die ausgedienten Helme dienen nun als Lampenschirme und die Feuerlöscher als Fenster-Deko. Kerzen auf den Tischen …

Gedempte Zuiderdiep 75–77, Tel. 050-3180323, www.ouwebrandweer.nl

De Beurs

Das älteste Café in Groningen. Besteht seit 1795 und verdankt seinen Namen der Börse gleich gegenüber. Pflegt die Tradition eines Kaffeehauses (und tatsächlich sitzt auch öfter mal jemand am Klavier). Die schmale Außenterrasse ist bestens geeignet, um das Treiben in der Folkingestraat und auf dem Markt zu beobachten. Eine Marmortafel des Künstlers Henri de Wolf erinnert daran, dass in diesem Haus 1885 der »Social Demokratische Bond« gegründet wurde, genauer: der Groninger Ableger dieser ersten sozialistischen Vereinigung in den Niederlanden.

A-Kerkhof Zuid Zijde 4, Tel. 050-3120333, www.huisdebeurs.nl

Mr. Mofongo

Gleich neben dem Akademiegebäude der Uni, hier stärkt sich der ausgehungerte Student (s. Seite 40), hier ersäuft er seinen Frust. Und das kultiviert. Die beste Cocktailbar der Niederlande, befand 2016 das Männermagazin „Esquire". Einfach rechts von der Theke die Treppe hoch. Wer Wein favorisiert, geht links von der Theke die Treppe hoch. Wer doch lieber ein Bier möchte, schenkt sich die Treppe. Oder wechselt die Straßenseite (s. Seite 63).

Oude Boteringestraat 26, Tel. 050-3144266, www.mofongo.nl

Neben der Kornbörse am Fischmarkt: das »De Beurs«

Die größte Kneipe Europas

Das »Drie Gezusters« am Grote Markt gilt als »größte Kneipe Europas«, doch was heißt hier schon Kneipe: Es ist ein Labyrinth von Theken und Bars, verteilt über vier Etagen. Die entscheidende Frage bei den vornehmlich jungen Gästen lautet: Versacken wir im Jugendstil-Pub, im »Café Hoppe« oder in einer der beiden Bars, die sich

auch dann drehen, wenn man nichts getrunken hat? An einem guten Samstag, nachts gegen halb zwei, drängen sich bis zu 4500 Menschen im Haus, sagt Manager Sil Doeksen. Irgendwer muss die bis zu 20.000 Liter Heineken-Bier, die hier pro Woche durchgehen, ja auch trinken (aus der Amsterdamer Brauerei stammen zwei von drei Bieren, die in den Niederlanden getrunken werden). Wer ein anderes Bier favorisiert: Im Jugendstil-Pub gibt es eine Karte mit diversen Sorten.

Übrigens: Die »Drie Gezusters« heißt übersetzt nicht die »Drei Geschwister«, wie man meinen könnte, sondern die »Drei Schwestern« – im holländischen gibt es kein Wort für Geschwister. Den Namen ersann Koos Huizenga, der in Groningen diverse Kneipen gestaltete, darunter auch das Café de Sleutel und das Café Wolthoorn. Huizenga hatte drei Schwestern.

Grote Markt 36, Tel. 050-3127041, www.driegezustersgroningen.nl

The Dog's Bollocks

Gleicher Besitzer wie Mr. Mofongo. Karte mit weit mehr als 100 Biersorten, von 0,0 bis 13,4 Volumenprozent Alkoholgehalt („heavy"). Auch mehrere lokale Biere. Gehobene Eckkneipe.

Oude Boteringestraat 17, Tel. 050-2308403, www.thedogsbollocks.nl

Huize Maas

Die Dire Straits traten hier auf, aber auch The Sex Pistols und das Punkrock-Urgestein »The Ramones«. Neben Konzerten fanden im Huize Maas aber auch schon Modeschauen statt. Ältere Groninger besuchten hier Tanzkurse und erinnern sich an Orchestermusik und gepflegten Paartanz. Über die unregelmäßigen Abendveranstaltungen am besten vorab im Internet informieren. Tagsüber können sich Freunde deftiger Kost im »Grand Café« über ein hausgemachtes Schnitzel oder leckere Burger hermachen. Tagesgericht 11 €.

Vismarkt 52, Tel. 050-3123621, www.huizemaas.nl

Café De Sigaar

Früher ein Friseur, bei dem man nach dem Haareschneiden noch eine Zigarre rauchen konnte. Heute das einzige Café in der Innenstadt, das eine Terrasse direkt an einer Gracht hat. Auf der sieht man an wärmeren Tagen die Raucher, speziell Zigarrenraucher, bei der Traditionspflege – der Name kommt schließlich nicht von ungefähr. Nur dass man sich hier nicht mehr die Haare schneiden lassen kann. Unmittelbar mit dem Café De Sigaar verbunden ist die Espressobar Miss Blanche (Eingang Brugstraat). Und auch das Restaurant »De Pijp Wine & Dine«, das Hotel »Miss Blanche« (s. Seite 86) und die Bäckerei »Blanche« (Brugstraat) gehören dem gleichen Besitzer.

Hoge der A 2, Tel. 050-3112399, www.cafedesigaar.nl

De Pintelier

Knapp 30 Biere vom Fass und rund 90 aus der Flasche, darunter viele belgische – dieses Café, wenn man es denn so nennen will, gehört zur Spitze, was die Bierauswahl betrifft. Es gibt hier doch tatsächlich ein Starkbier, das »Delirium Tremens« heißt, und dazu – als wäre das nicht Warnung genug – noch eine ganze Reihe hochgeistiger Getränke, Gin zum Beispiel oder Whisky. Mit einem Innenhof, der versteckter kaum sein könnte.

Kleine Kromme Elleboog 9, Tel. 050-3185100, www.pintelier.nl

De Uurwerker

Direkt gegenüber vom »Pintelier« und nicht weniger am Brummen. Mittags Suppen, Sandwiches, Salate und Brote. Ab 12 Uhr Snacks und Pizza aus dem einzigen Holzofen im Norden der Niederlande (ab 7,50 €). Der Renner ab 17 Uhr: der Hamburger mit 180 Gramm Rindfleisch (13,50 €). Buntes Publikum, vor allem Studenten. Drinnen

Gute Lage: Café De Sigaar

Manchmal guckt auch der Kommissar des Königs rein: Café de Sleutel

runde Holztische und eine Lounge mit drei Meter breiten Ledersofas. Rechts vom Eingang ruhige Ecke für WLAN-Nutzer (tagsüber) bzw. Gruppenraum (abends). Do, Fr und Sa mit DJ, der Stil wechselt, mal House, mal Disco, mal Rock.
Uurwerkersplein 1, Tel. 050-8200991, www.uurwerker.nl

Café de Sleutel

Traditionsreiches Haus am Noorderhaven, gebaut unmittelbar an der Stadtmauer aus dem 13. Jahrhundert (noch heute verläuft ein kleiner Rest dieser Mauer durch das Café). »Der Schlüssel«, so hieß eine Brauerei, die im 17. Jahrhundert hier errichtet wurde. Ganz unten im Gewölbekeller befindet sich noch heute der Brunnen, aus dem früher das Brauwasser geschöpft wurde. Während der Reformation versammelten sich in diesem Gewölbekeller die katholischen Eigentümer der Brauerei, um in kleiner Runde ihren Glauben zu praktizieren. Aus der Brauerei wurde ein Packhaus und schließlich ein Café,

in dem man auch essen kann (Tagesgericht 10 €). Im Sleutel kehren Studenten ein, aber auch der Kommissar des Königs, also der höchste Amtsträger der Provinz.
Noorderhaven 72, Tel. 050-3181454, www.cafedesleutel.nl

Café Lambik

Eckkneipe am Noorderplantsoen, etwa zehn Fußminuten von der Altstadt entfernt. Mit Außenterrasse, Klosterbier vom Fass und einem Tagesgericht für 9,75 €. Beliebt bei Studenten, Familien und Nachbarn – und für manche eine Art zweites Wohnzimmer.
Grote Kruisstraat 73, Tel. 050-3144360

Simplon

»Jugendkulturzentrum« in einem ehemaligen Fabrikkomplex etwas außerhalb der Altstadt. Früher wurden hier Regenmäntel hergestellt, dann zog die Kultur ein. Pop, Rock, Hip-Hop, Techno, auf die Bühne kommt fast alles – Hauptsache »innovativ«. Das Simplon

Nicht so laut, wie es aussieht – Livekonzert in der Benzinebar

versteht sich als Plattform für musikalische Talente und bildende Künstler. Donnerstags und freitags oft Konzerte, samstags meist Tanz. Wird ähnlich wie das »Vera« von vielen Freiwilligen unterstützt. Gleich nebenan: das Simplon Youth Hostel, auch hier eher jüngeres Publikum.

Boterdiep 69, Tel. 050-3184150, www.simplon.nl

Bude. Schade nur, dass es die Original-Wurlitzer-Musikbox in der Ecke nicht mehr tut, sonst könnte man noch mal Bonnie Tyler (Nr. 3701) hören. Die Benzinebar ist nicht ganz leicht zu finden – am besten, man merkt sich die Hausnummer oder geht nach Gehör.

Hoekstraat 44, Tel. 06-51335147, www.benzinebar.nl

De Benzinebar

Diese „Bar" ist ein Muss für Metallfans. Einst lag sie mitten im Rotlichtviertel, auch ging hier das Personal der Innenstadtkneipen nach Dienstschluss noch einen Absacker trinken. Seit September 2010 firmiert die Benzinebar als »Metal café« und ist fest in Szene-Hand. Die Öffnungszeiten sind eingeschränkt: von Sonntag bis Freitag ist Ruhetag. Paul de Boer, der seit über drei Jahrzehnten mit der Kneipe verwachsen ist, steht also nur am Samstag hinter der Theke. Kurz vor Mitternacht entzündet er die Kerzen und stellt das Bier kalt. Gegen 1.00 Uhr kommt dann so langsam Leben in die

Stellt immer samstags das Bier kalt: Paul de Boer in der Benzinebar

Unterwegs

Streifzüge durch die Stadt

Übernachten in Groningen

Abstecher in die Provinz

Streifzüge durch die Stadt

Willkommen auf der Insel! Die meisten Groningen-Besucher steuern geradewegs die Altstadt an – und die ist, das zeigt ein kurzer Blick auf eine Karte, tatsächlich eine Insel. Sie wird von Grachten umgeben, genauer: von zwei alten, zum Teil auch verlegten Flüssen. Hunze und A (häufig auch: Aa) vereinen sich beim Noorderhaven im Nordwesten der Altstadt zum Reitdiep. Dieser stellt seit alters her eine natürliche Verbindung zur Nordsee dar (und es gab Zeiten, da stieg das Wasser bei Flut tatsächlich noch bis zum Noorderhaven).

Ein Blick auf die Karte macht auch deutlich: Diese Innenstadt ist fast quadratisch. Aber eben auch nur fast. Auf jeden Fall ist sie sehr kompakt. Das Gros der Sehenswürdigkeiten drängelt sich auf einem einzigen Quadratkilometer, das sind nicht einmal zwei Prozent der gesamten Stadtfläche. Im Folgenden sind fünf kleinere Touren beschrieben, die sich gut kombinieren lassen. Wer wenig Zeit mitbringt, sollte sich auf Grote Markt und Martinikirche konzentrieren und vielleicht noch vom Fischmarkt durch die Folkingestraat zum Groninger Museum laufen. Wer ein ganzes Wochenende in Groningen verbringt, wird wenig Mühe haben, die beschriebenen Routen zu absolvieren. Dabei lernt man die meisten Sehenswürdigkeiten immerhin schon mal von außen kennen. Oder aber man schließt sich einer Führung an – einige Anbieter stehen am Ende des Kapitels.

Grote Markt und Martinikirche

Der **Grote Markt** ist der Mittelpunkt der Stadt und der **Turm der Martinikirche** ihr Wahrzeichen. Seit über fünf Jahrhunderten prägt dieser Turm die Groninger Silhouette. Mit einer Höhe von 96,8 Metern gehört er auch heute noch zu den höchsten Türmen in den Niederlanden. Erbaut wurde er zwischen 1469 und 1482 aus grauem Bentheimer Sandstein, weshalb ihn die Groninger auch liebevoll »d'Olle Grieze« nennen, den »Alten Grauen«. Dass dieser Turm auch schon mal über 100 Meter hoch war, dann aber bei einem Freudenfeuer im Jahre 1577 ein Opfer der Flammen wurde, hat der Zuneigung der Groninger keinen Abbruch getan. Das Dach ist seit dem 17. Jahrhundert nicht mehr aus Holz, sondern aus Kupfer. Ganz oben ist das **Pferd von Sankt Martin** zu sehen, dem die Kirche gewidmet ist. Dass sich der Turm um etwa 70 Zentimeter neigt, sieht man am besten von der Oosterstraat aus. Innen ist er deshalb an einigen Stellen mit Beton verstärkt. An der Südseite des Turms

Die Martinikirche, von Osten betrachtet

befindet sich die größte **Sonnenuhr** der Niederlande (1748). Sie zeigt die vollen Stunden an, allerdings nur bis 16.30 Uhr.

Der Turm kann bestiegen werden, Karten dafür gibt es beim VVV (Vereniging voor Vreemdelingenverkeer, Grote Markt). Ein Tipp vorweg: Seinen Rucksack nimmt man am besten in die Hand oder, besser noch, man lässt ihn gleich unten. Denn es wird eng. Eine schmale steinerne Wendeltreppe führt nach oben, groß gewachsene Menschen tun gut daran, ihren Kopf einzuziehen. Die Treppe ist rechtsdrehend: Die meisten Verteidiger führten ihr Schwert früher mit der rechten Hand und waren so Angreifern gegenüber im Vorteil. Nach 65 Stufen erreicht man die erste Ebene. Hier hockt ein Mitarbeiter vor einem Bildschirm und wacht darüber, dass auf der zweiten Ebene, dem Rundweg in 40 Metern Höhe, niemand raucht oder Papier herunterwirft. Dieser Rundweg ist der beste Platz, um Fotos zu machen, der Grote Markt liegt einem zu Füßen. Der Aufstieg endet nach 56 Metern oder 251 Stufen auf dem dritten Turmabsatz. Hier bitte nicht erschrecken: Die Glocken ertönen alle 15 Minuten. Noch weiter nach

Arp-Schnitger-Werk in der Martinikirche, mit Engelsputten barock verziert

Um 16.30 Uhr ist Feierabend – die größte
Sonnenuhr der Niederlande ...

... und eine etwas kleinere im
Prinzenhofgarten

oben kommt man nur in Begleitung eines Turmführers oder an ganz besonderen Tagen (wie dem Monumententag). Wer dann ganz besonders viel Glück hat, kann Auke de Boer oder einem Kollegen bei der Arbeit zusehen. De Boer spielt das Glockenspiel der Kirche noch mit der Hand – fast möchte man sagen: mit der Faust – und lässt mal Händel und mal die Beatles erklingen. Meist allerdings wird das Carillon mechanisch über eine Walze gesteuert. Am besten hört man

das Glockenspiel übrigens nicht direkt unter dem Turm, sondern etwas weiter entfernt, sagt de Boer.

Auch in das **Innere der Marti-nikirche** sollte man unbedingt einen Blick werfen. Sie ist die größte Kirche Groningens und war im Mittelalter das Ziel vieler Pilger – eine Reliquie wie den Arm von **Johannes dem Täufer** hatte wahrlich nicht jede Kirche aufzuweisen. Die ältesten Fresken stammen aus dem 13. Jahrhundert. Außerdem beherbergt

Eine der ruhigsten Ecken in der Innenstadt: Martinikirchhof

Blick vom Turm der Martinikirche auf Grote Markt und Rathaus

die Martinikirche eine der größten »Flötenkisten des Satans«, wie strenge Calvinisten die Instrumente des berühmten **Orgelbauers Arp Schnitger** einst nannten. Es ist eine von insgesamt drei Groninger Orgeln, die die Handschrift von Arp Schnitger tragen (die beiden anderen befinden sich in der A-Kirche und in der Kirche des Pelster-Gasthuis). Orgelexperten aus aller Welt sind bis heute fasziniert von ihrem Klang.

Sieht man von ein paar Kugeleinschlägen ab, so hat der »Alte Graue« den Zweiten Weltkrieg unbeschadet überstanden, allerdings nur mit ganz viel Glück. Die abziehenden deutschen Besatzer hatten noch in den letzten Kriegstagen Sprengmaterial angebracht. Der Kommandant der vorrückenden Kanadier machte Deutsche am Turm aus und eröffnete das Feuer, verfehlte aber das Ziel und verstand dann glücklicherweise das »Stop«, das ihm die Groninger zuriefen. Andere Bereiche des Marktes wurden sehr viel stärker in Mitleidenschaft gezogen. Zahlreiche

Giebelhäuser wurden zerstört, der ursprüngliche Charakter des Marktes ging verloren. Durch das **Groninger Forum** soll der Grote Markt »seine Proportionen aus der Vorkriegszeit und die intime Atmosphäre zurückerlangen«, so die offizielle Darstellung. Es gab kaum ein Thema, das in Groningen in den letzten Jahren so kontrovers diskutiert wurde wie die Neugestaltung der »toten« Ostseite des Marktes. Im Juni 2010 gab der Rat grünes Licht, 2011/2012 wurden die alten Gebäude abgerissen. Ursprünglich sollte das Forum 2017 eröffnet werden, »ein Haus der Kultur und Information«, bis zu 45 Meter hoch. Nun wird man den »spektakulären Blick« auf die Altstadt und die Kinoabende auf der Dachterrasse vermutlich erst ab 2019 genießen können. Bis dahin geht es in Groningens guter Stube wohl noch etwas unruhiger zu.

Aber auch die Vergangenheit bleibt sichtbar. An die Kämpfe gegen Ende des Zweiten Weltkriegs erinnern noch Einschusslöcher an der Rückseite des

Rathauses. Der neoklassizistische Bau entstand zwischen 1793 und 1810 nach den Plänen von Jacob Otten Husley. Rechts vom Rathaus steht eine Büste von General Carl von Rabenhaupt – er verteidigte Groningen 1672 erfolgreich gegen die Truppen des Bischofs von Münster (s. Seite 106).

Erinnert an die deutsche Besatzung: Sankt Georg und der Drache

Nördlich vom Grote Markt

Unmittelbar an der Nordseite der Martini-kirche befindet sich das Denkmal **Sankt Georg und der Drache**, eine Arbeit des Bildhauers Oswald Wenckebach. Der Heilige Georg hat, mit dem Schwert in der Rechten, den Drachen am Fuße des Sockels erlegt, daneben die Eckdaten der deutschen Besatzung: 1940 und 1945. Der angrenzende **Martinikirchhof** ist der älteste Teil von Groningen. Hier befand sich bereits im 4. Jahrhundert vor Christus eine erste Siedlung. Im Mittel-alter wurde vermeintlich heiliges Wasser aus einem Brunnen geschöpft und an die Pilger verkauft. Dann wurde das Areal als Friedhof und schließlich als Parkplatz genutzt. Heute ist der Martinikirchhof einer der ruhigsten Flecken in der Innenstadt.

Eine nicht minder wechselvolle Geschichte hat der **Prinsenhof**. Ein Stein-haus, 1436 errichtet, diente zunächst einem Mönchsorden als Bruderhaus, ab 1569 dann als Palast für den ersten Bischof von Groningen und ab 1594 als Residenz für diverse Statthalter. Wäh-

Das Provinzhaus – seit 1602 tagt hier
das Parlament der Provinz

Eingang zum Provinzhaus am
Martinikirchhof

rend der napoleonischen Jahre war hier ein Militärspital (1808) untergebracht und bis 2005 eine regionale Radio- und TV-Anstalt. Im September 2012 wurde in dem historischen Gemäuer ein luxuriöses Hotel eröffnet (s. Seite 85).

Das markanteste Gebäude am Martinikirchhof ist das **Provinzhaus** (Sitz der Provinzregierung) mit seiner Neorenaissance-Fassade. Zwischen Provinzhaus und Prinzenhof führt der Weg durch den **Gardeport** (1639) und dann geradeaus – vorbei an ehemaligen **Pferdestallungen** – in Richtung **Turfsingel**. Hier wurde früher Torf aus den umliegenden Mooren angeliefert. Wir halten uns links und erreichen nach wenigen Metern das Eingangsportal zum **Prinsenhofgarten**, dessen Rückseite eine **Sonnenuhr** aus dem Jahre 1731 ziert. Der um 1635 angelegte Garten ist ein Musterbeispiel für einen Renaissancegarten und sehr beliebt bei Hochzeitsfotografen. Was

auf den ersten Blick anmutet wie eine begrünte Liebeslaube, sind überdachte Buchenhecken. Sie waren vorgesehen für die seltenen Freiluftaktivitäten der Damen des Statthalters. Glaubt man alten Darstellungen, dann saßen die Damen in ihren Gemächern, spielten Spinett, kraulten den Mops und nahmen hin und wieder ein Schlückchen Schokolade. Vor allem aber vermieden sie es, bei Sonnenschein vor die Tür zu gehen, denn dem damaligen Schönheitsideal entsprach ein eher heller Teint. Notfalls drehten sie ihre Runde unter einem Sonnenschirm, um nach kurzer Zeit schon, eingezwängt in ein enges Korsett, erschöpft den Rückweg anzutreten.

Neben dem **Laubengang** gibt es einen **Rosen-**, einen **Buchsbaum-** sowie einen **Kräutergarten** – und der ist ein echter Geheimtipp. Umgeben von Holzpalisaden, an denen Rosen emporranken, kann man hier von April bis Oktober im Schatten von Obstbäumen (Altgroninger Sorten) eine Suppe oder einen Fair-Trade-Tee genießen. Alljährlich im Juli Austragungsort für ein Literaturfestival (www.dichtersindeprinsentuin.nl).

Wir verlassen dieses lauschige Plätzchen über den Kiesweg links vom **Tee-**

haus und durch den Seitenausgang zur **Kattenhage**. Gegenüber auf der anderen Straßenseite sehen wir eine lange Reihe kleiner Häuser: der **»Lange Jammer«**. Hier war einst die Armut zu Hause, gejammert wurde also aus guten Gründen. Untergebracht waren hier alleinstehende Damen aus christlichem Hause, die sich unter anderem mit Webarbeiten ein kleines Zubrot verdienten. Und weil an dieser Stelle auch schon mal ein Beginenkloster stand, heißt die nahe Brücke über den Turfsingel auch heute noch Maagdenbrug – **Jungfernbrücke**.

Südlich vom Grote Markt

Wer den Grote Markt auf der **Poelestraat** in östlicher Richtung verlässt, gelangt schon nach wenigen Metern auf einen kleinen, von Cafés gesäumten Platz. Hier nahmen früher Soldaten im Verteidigungsfall Aufstellung, hier befand sich auch die Poel, eine Tränke für Pferde. Die Tiere selbst standen in der **Peperstraat**, die ihren Namen der Tatsache verdankt, dass die Pferdehal-

ter sehr reich waren und mitunter auch mit teurem Pfeffer zahlten. In der Peperstraat sieht man nach rund 150 Metern zur Linken den Eingang zum **St. Geertruids-** oder **Pepergasthuis**. Wer das Hofje durch das schmucke Portal betritt (bis 18 Uhr), wird gebeten, das Ruhebedürfnis der heutigen Bewohner zu respektieren!

Die heilige Gertrud war die Schutzpatronin der Reisenden und Pilger – und die fanden ab 1405 in den kleinen Häuschen rund um den grünen Innenhof eine vorübergehende Bleibe. Ihr eigentliches Ziel war die Martinikirche und hier vor allem der Arm von Johannes dem Täufer. Weil aber die begüterten Groninger Bürger in ihrer Nachbarschaft am Grote Markt kein Hospiz dulden wollten, stifteten sie kurzerhand den Bau eines Armenhauses unmittelbar an der mittelalterlichen Stadtmauer (eine Wohltat, von der sie sich auch ein größeres Seelenheil im Jenseits erhofften).

Nach der Reformation blieben die Pilger aus. Das Hospiz wurde zur Herberge für Arme und Kranke. Mit der mit-

Das St. Anthony Gasthuis

telalterlichen Stadtmauer verschwand auch ein Teil der Häuser. Geblieben ist unter anderem ein Steinhaus, das noch bis 1960 als Speisesaal genutzt wurde. Heute dient dieses Gebäude als Kirche, in der an jedem Sonntag zwei gut besuchte ökumenische Gottesdienste gefeiert werden.

Am Ende des Innenhofes stößt man auf einen Trakt mit vergitterten Fenstern – das ehemalige **Dolhuis**. Hier wurden im Mittelalter unter anderem Menschen mit Down Syndrom oder epileptischen Anfällen untergebracht, aber auch Homosexuelle oder die »ältere Tante in Erwartung einer Erbschaft«, das jedenfalls erzählen Stadtführer gern. Das Dolhuis – frei übersetzt Toll- oder Irrenhaus – war sonntags ein beliebtes Ausflugsziel der Groninger Bürger. Erst entrichteten sie ihren Eintritt, dann beobachteten sie – ausgerüstet mit einem Picknickkorb – das Treiben hinter den Gitterstäben.

Und halfen, falls es ihnen dort zu ruhig zuging, mit Stöcken und Steinen nach.

Wir verlassen das Hospiz durch die Hintertür beim Dolhuis. Wer jetzt rechts um die Ecke blickt, schaut auf eine der ältesten Mauern von Groningen (Unterteil der mittelalterlichen Stadtmauer). Die Straße heißt noch heute **Achter de Muur**.

Wir gehen die Gasse am Casino entlang runter zum Gedempte Kattendiep, hier rechts und dann wieder links bis zum Rademarkt 29. Hier befindet sich mit dem **St. Anthony Gasthuis** ein weiteres Armenhaus, dessen Bewohner früher offenbar mit mehr Nachsicht rechnen durften. Die Inschrift über dem 2006 restaurierten Tor lautet: »Spotte nicht über ein altes Weib oder einen Greis – niemand weiß, was man selbst zu erwarten hat.« Das 1517 gegründete Hospital lag außerhalb der Stadtmauern, hier wurden unter anderem Pestkranke gepflegt.

Stadtauswärts sehen wir den schlanken, 76 Meter hohen Turm der **St. Joseph-Kathedrale**. Sie ist seit 1981 die Bischofskirche des Bistums Groningen-Leeuwarden. Gebaut wurde die neugotische Kirche von Pierre Cuypers, der auch das Rijksmuseum und den Hauptbahnhof in Amsterdam schuf. Der gusseiserne Turm hat eine sechseckige Form und wird im Volksmund Trunkenboldsturm (»Dronkemanstoren«) genannt – aus welcher Richtung man auch immer ihn betrachtet, stets sieht man zwei Turmuhren …

Am Beginn des Heresingel erinnert das Denkmal **De Boom** an Hendrik Nicolaas Werkman. Der expressionistische Maler und Dichter war Mitglied der Künstlergruppe De Ploeg (s. Seite 23). Im Zweiten Weltkrieg geriet er in das Visier der deutschen Besatzer und wurde im März 1945 verhaftet. Einige Tage später soll das SS-Hauptquartier in Den Haag befohlen haben, zur Vergeltung niederländischer Widerstandsaktivitäten drei Gruppen von jeweils zehn Gefangenen hinzurichten. Einem der zum Tode Verurteilten gelang die Flucht. Bei der Suche nach einem Ersatz fiel die Wahl auf Werkman. Am 10. April 1945 wurde er von einem deutschen Erschießungskommando in der Nähe von Groningen hingerichtet. Zwei Tage später erreichten kanadische Truppen den Stadtrand von Groningen.

Westlich vom Grote Markt

Verlässt man den Grote Markt in westlicher Richtung, so stößt man bereits unmittelbar hinter dem Rathaus auf eine spannende Kombination von Geschichte und Moderne: das Goudkantoor inmitten des Waagstraatkomplexes (s. Seite 18). Das **Goudkantoor** (frei übersetzt: Goldbüro) wurde 1635 erbaut und ist ein Beispiel für die Groninger Architektur des frühen 17. Jahrhunderts. Bei der reich verzierten Fassade im Renaissance-Stil

fallen die muschelförmigen Motive ins Auge. Die lateinische Inschrift im Giebel lautet übersetzt: »Gebt dem Kaiser, was des Kaisers ist« – das Haus diente zunächst als provinziales Steuerbüro. Von 1814 bis 1887 wurden hier Gold- und Silberarbeiten begutachtet und zertifiziert, daher der Name. Heute beherbergt das Goudkantoor ein Café und Restaurant (s. Seite 35).

Hinter dem Waagstraatkomplex gelangt man auf die Guldenstraat und nach rechts auf die **Oude Boteringestraat**. Sie verdankt ihren Namen einer alten Groninger Familie und zählt seit jeher zu den besten Adressen. Einen Blick lohnen unter anderem die Häuser mit den Nummern 24 (Calmershuis s. Seite 18), 33 (Mennonitische Kirche), 36–38 (seit 1755 Gerichtsgebäude) und 44 (ehemaliger Amtssitz des Kommissars der Königin, heute Uni-Verwaltung).

Hinter dem Calmershuis zweigt die Broerstraat von der Oude Boteringestraat ab. Nur wenige Meter, und wir stehen auf dem **Academieplein**. Vor

Ubbo Emmius, verewigt im Treppenhaus der Rijksuniversiteit

giebel ist Minerva zu sehen, die römische Göttin der Weisheit und Hüterin des Wissens. Darunter flankieren zwei niederländische Löwen das Wappen der Universität, die im Jahre 2014 ihren 400. Geburtstag feiern konnte. Bei ihrer Gründung war sie die zweite Universität in den Niederlanden nach Leiden. Erster Rektor Magnificus der neuen Universität war Ubbo Emmius, ein gebürtiger Greetsieler. Emmius, ein Gegner der Fürstenherrschaft in Ostfriesland und Verfechter der freien Rede, folgte 1596 dem Ruf nach Groningen. Sein Grabstein befindet sich heute im Akademiegebäude.

uns erhebt sich das Hauptgebäude der **Rijksuniversiteit Groningen**. Der Vorgängerbau war 1906 ein Opfer der Flammen geworden. Der Neubau wurde 1909 nach einem Entwurf des Reichsbaumeisters J. A. Vrijman im Neorenaissance-Stil errichtet. Im mittleren Dach-

Wir überqueren den Academieplein und gehen an der nächsten Straßenecke ein paar Meter rechts die Oude Kijk in 't Jatstraat hinauf, bis auf der linken Seite ein kleiner Platz mit einer Büste erscheint. Sie erinnert an Aletta Jacobs – sie war die erste Frau, die in den Niederlanden ein Studium beendete (s. Seite 28 und 107). Im **Harmonie-**

Mitten in Groningen: das Hauptgebäude der Rijksuniversiteit

Speicherhäuser an der Lage der A

komplex dahinter befinden sich zwei Fakultäten: die Rechtswissenschaften und die Geisteswissenschaften.

Wir gehen die Oude Kijk in 't Jatstraat weiter und gelangen zum Noorderhaven. Links von der Brücke sieht man zahlreiche privat genutzte Frachtschiffe, rechts vorwiegend Hausboote, von denen einige mehr Grundfläche haben als ein normales Einfamilienhaus – schwimmende Lebensträume mit zwei Stockwerken und Dachterrasse (und einer Liegegebühr, die mehrere Zehntausend Euro beträgt, aber auch nur einmal entrichtet werden muss).

Geht man über die Brücke und hält sich an der nächsten Kreuzung rechts, gelangt man zur **Neuen Kirche**, der ersten protestantischen Kirche von Groningen, erbaut 1623 nach dem Vorbild der Noorderkerk in Amsterdam. Hält man sich dagegen links, kommt man zum **Noorderplantsoen**, einem Park im Stile eines englischen Gartens und jedes Jahr im August Schauplatz eines großen Kulturfestivals (s. Seite 30). Der idyllische Park ist auf den letzten Resten der Festungsanlagen angelegt, die bis 1874 die Stadt umgaben. Auf dem Weg zum Noorder-

plantsoen sollte man auf jeden Fall auch einen Blick in die Stifte in der Grote Leliestraat werfen (s. Seite 82).

Vom A-Viertel zum Bahnhof

Die für viele Groningen-Fans schönste Ecke der Stadt ist der alte A-Hafen. Hier machen im Winter Segler fest, die im Sommer an der Küste oder im IJsselmeer unterwegs sind. Die Straßen **Hoge der A** und **Lage der A** werden gesäumt von alten Speicherhäusern. Einige dieser Speicherhäuser, von denen es in ganz Groningen noch etwa 200 gibt, tragen die Namen anderer Hansestädte (»Libau«, »London«). Wer mehr über diesen Teil der Groninger Geschichte erfahren möchte, sollte dem **Schifffahrtsmuseum** einen Besuch abstatten: bei der A-Brücke Richtung Innenstadt und nach etwa 50 Metern rechts (s. Seite 26). Die **A-Kirche** ist nach der Martinikirche die zweitgrößte Kirche Groningens. Sie steht im alten Ha-

fenviertel und ist Maria und dem Heiligen Nikolaus geweiht, dem Schutzpatron der Seefahrer und Kaufleute. Urspünglich eine kleine romanische Kreuzkirche, wurde aus der A-Kirche im 15. Jahrhundert eine gotische Basilika. Der Turm hat seit 1718 eine Höhe von 76 Metern. In der Kirche finden keine Gottesdienste mehr statt. Wer einen Blick auf die Grabplatten alter Groninger Geschlechter werfen möchte, sollte eine der vielen kulturellen Veranstaltungen besuchen. Die Kirche wird für Ausstellungen, Konzerte, Vorträge, aber auch für Hochzeiten und private Empfänge vermietet.

Merkur auf dem Dach der Kornbörse

Rücken an Rücken mit der A-Kirche steht die **Kornbörse**. 1774 entstand hier zunächst ein kleinerer Bau aus Holz. Das neoklassizistische Gebäude in seiner heutigen Form wurde 1864 errichtet, zu einer Zeit, in der weltweit Missernten herrschten, die Bauern in den Niederlanden aber gute Ernten und hohe Preise verzeichneten (»Champagnerjahre«). Die Kornbörse entsprach dem gewachsenen Selbstbewusstsein des Bauernstandes und weist durchaus Züge eines Tempels auf. Den Eingang flankieren zwei römische Gottheiten: links Neptun, der Gott des Meeres, und rechts, mit einem Bündel Ähren in der Hand, Ceres, die Göttin des Ackerbaus – sie stehen für Fischfang und

Wenn kein Markttag ist, hat man einen freien Blick auf Kornbörse und A-Kirche

Landwirtschaft, also für die Produkte, die in und vor der Kornbörse vor allem gehandelt wurden. Und über allem thront Merkur, der Gott des Handels (und der Diebe). Im Innern besonders augenfällig: die Dachkonstruktion mit den hohen Fenstern. Zu einer Zeit, in der es weder Gas noch Elektrizität gab, musste natürliches Licht ausreichen, um die Qualität des Korns zu beurteilen. Heute ist in dem denkmalgeschützten Gebäude ein Supermarkt untergebracht.

Auf dem Platz vor der Kornbörse findet an mehreren Tagen in der Woche der **Fischmarkt** statt (s. Seite 52), der eher den Charakter eines Wochenmarktes hat, auf dem es aber natürlich auch Fisch gibt. Schon im Mittelalter sollen Fischer hier ihre Fänge angeboten haben. Zusammen mit dem Grote Markt bildet der Fischmarkt den zweitgrößten innerstädtischen Markt in Europa, nur der in Krakau ist größer.

Vom Fischmarkt zweigt in Höhe der Kornbörse die **Folkingestraat** ab, eine der lebendigsten Straßen der Groninger Altstadt. Sie verbindet das A-Viertel mit dem Groninger Museum und dem Hauptbahnhof. Anfang des 19. Jahrhunderts ließen sich hier viele Juden auch aus dem Hannoverschen nieder. Es gab Schneider, Bäcker und Pferdeschlachter. Bei Haus Nr. 23 zeigt ein steinernes Relief das Hinterteil eines Pferdes – es erinnert daran, dass die Tiere durch die engen Gassen links und rechts vom Haus zum dahinter liegenden Innenhof getrieben wurden. Die Käufer des Fleisches waren nicht jüdisch – Pferdefleisch ist nicht koscher. Die Folkingestraat blieb bis zum Zweiten Weltkrieg das Zentrum des jüdischen Lebens in Groningen. An die Deportationen erinnert heute das Wort »weggehaald« (»weggeholt«) im Mauerwerk an der

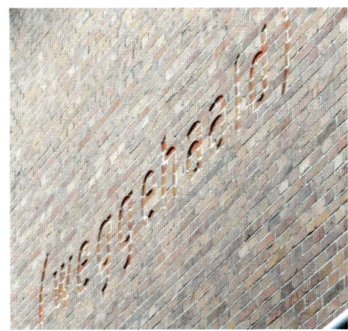

Erinnert an die Deportation der Juden: Inschrift in der Folkingestraat

Seite des Hauses Nr. 9, der ehemaligen jüdischen Schule, in deren Hinterhof die verhafteten Juden vor ihrer Deportation versammelt wurden.

Am Ende der Folkingestraat erhebt sich auf der linken Seite ein orientalisch anmutendes Gebäude mit christlicher Grundform (Kreuz) und jüdischen Symbolen – die **Synagoge**. Der repräsen-

Die Folkingestraat, rechts die Türme der Synagoge

tative Bau wurde 1906 für eine stark anwachsende Gemeinde an der Stelle der alten Synagoge errichtet. Da man keinen jüdischen Architekten finden konnte, ging der Auftrag an Tjeerd Kuipers, einen christlichen Architekten aus Amsterdam, der von seinem Groninger Kollegen Ytzen van der Veen unterstützt wurde. Die Anregung zu dem »maurischen« Stil erhielt Kuipers, der nie zuvor eine Synagoge entworfen hatte, bei einer Reise durch Deutschland, inspiriert unter anderem durch die Neue Synagoge in der Oranienburger Straße in Berlin.

Nach dem Zweiten Weltkrieg kehrten nur wenige Juden nach Groningen zurück – zu wenige, um die Synagoge halten zu können. 1952 wurde sie an eine Wäscherei verkauft. Erst im November 1981 konnte sie neu eingeweiht werden. Heute wird sie für jüdische Gottesdienste und kulturelle Veranstaltungen genutzt. Schräg gegenüber der Synagoge, unmittelbar vor dem Zuiderdiep, sieht man rechts eine bronzene Tür ohne Griff – sie ist ein künstlerischer und zugleich selbst-

Kunst und Mahnmal zugleich: die Tür ohne Griff

kritischer Hinweis darauf, dass sich für die Juden von Groningen keine Türen öffneten, weder vor ihrer Deportation noch bei ihrer Rückkehr.

Wir überqueren den Zuiderdiep und gelangen auf der Ubbo Emmiusstraat

Die Deportation der Juden

Im Februar 1942 schalteten die deutschen Besatzer großformatige Anzeigen in den Zeitungen: Alle Groninger mit mindestens einem jüdischen Großelternteil wurden aufgefordert, sich zu melden. Ende des Monats verfügten die Deutschen über eine Liste mit 3187 Namen und Adressen. Am 10. Juli 1942 verließen die ersten beiden Züge mit mehreren Hundert Juden den Groninger Hauptbahnhof. Es waren vor allem Männer, die auf verschiedene Arbeitslager verteilt wurden. Nach einer Razzia in der Nacht vom 2. auf den 3. Oktober 1942 rollte ein Transport überwiegend mit Frauen und Kindern in Richtung Westerbork. Von diesem Durchgangslager in der Provinz Drenthe wurden Juden in wöchentlichem Zyklus in die Vernichtungslager deportiert. Ende 1943 war das jüdische Leben in Groningen praktisch erloschen. Über 90 Prozent der jüdischen Bevölkerung von Groningen wurden ermordet, weit mehr als in vielen anderen Gemeinden in den Niederlanden.

Das älteste Gasthaus Groningens in der Pelsterstraat

geradewegs zum **Groninger Museum** (s. Seite 21) und zum **Hauptbahnhof**. Vor dem Bahnhof stehen in einer unterirdischen Parkstation Tausende von Fahrrädern. Die Groninger sagen, jeder Student habe zwei Räder, weil eines eigentlich immer am Bahnhof stehe. Das Bahnhofsgebäude wurde 1896 fertiggestellt. Schmuckstück ist die imposante, 14 Meter hohe **Jugendstil-Halle**. Dank der Bleiglasfenster, einer sechs Meter hohen schmiedeeisernen Laterne, einem Mauerwerk aus roten, gelben und schwarzen Steinen sowie der Deckenornamente aus Pappmaché fühlt man sich auch heute noch ins 19. Jahrhundert zurückversetzt.

Extratour: Stifte in Groningen

In Groningen gibt es mehr als 30 Stifte, und die meisten von ihnen sind für Besucher geöffnet. Groningen gehört damit zu den niederländischen Städten mit den meisten Stiften. Allein zwölf

liegen innerhalb des Grachtengürtels, darunter die drei wohl bekanntesten: **St. Geertruids Gasthuis** (s. Seite 73), **St. Anthony Gasthuis** (s. Seite 74) und **Heiligen Geest Gasthuis** (auch Pelster-Gasthuis genannt). Letzteres befindet sich in der Pelsterstraat und ist ein echtes Kleinod. Es wurde 1267 auf Geheiß von Papst Clemens IV. durch den Bischof von Utrecht eingeweiht, war zunächst ein Krankenhaus, dann ein Gasthaus und ist die älteste Einrichtung dieser Art in der Stadt und zugleich eine der ältesten in den Niederlanden. Es besteht aus drei Innenhöfen und einer Kapelle mit einer sehenswerten Orgel (1774) sowie der ältesten Glocke von Groningen (1459). Auf einem der Höfe befindet sich noch eine gusseiserne Pumpe aus dem 19. Jahrhundert. Besucher sollten auch hier unbedingt die aushängenden Hausregeln beherzigen und Rücksicht auf die heutigen Bewohner nehmen.

Ursprünglich waren die Gasthäuser

Gründete das Pieternella-Gasthuis:
Reederwitwe Ludewé Vink

schäftsleute aus dem Mittelstand; das **Pieternella-Gasthuis** (Nr. 34) wurde von der Witwe eines Reeders aus Emden gegründet, hier wohnten vornehmlich Witwen von Schiffern; und im **Sint Martinusgasthuis** (Nr. 23) verbrachten ältere Katholiken ihren Lebensabend. Noch heute gibt es Stifte, die als Altersheim fungieren. Die meisten allerdings sind Mietwohnungen – für Studenten, Alleinstehende und andere Menschen ohne großen Platzbedarf.

für Arme, Kranke und Reisende gedacht, später dann wandelten sie sich mehr und mehr zu Betreuungseinrichtungen für ältere Menschen. Mitunter verraten Beinamen die besondere Qualität eines Hauses. So wurde das **Jacob- und Annagasthuis** in der Gasthuisstraatje im Volksmund auch »Lekkerbeetjesgasthuis« genannt – die Köche waren hier schlicht überdurchschnittlich gut.

Eine hohe Dichte an Gasthäusern findet man auch in der **Hortusbuurt** im Norden des Grachtengürtels. Hier unterhielt die Universität im 17. Jahrhundert einen botanischen Garten. Mit seinen kleinen Häusern, den Stockrosen davor und den streunenden Katzen mutet das Viertel fast dörflich an. Gleich drei Gasthäuser aus der zweiten Hälfte des 19. Jahrhunderts findet man allein in der Grote Leliestraat. Hier wird auch die soziale und konfessionelle Differenziertheit deutlich: das **Middengasthuis** (Nr. 51–113) der Reformierten Kirche diente als Altersruhesitz für Ge-

Führungen durch Groningen

VVV-Gruppenführungen

Der VVV bietet eine ganze Reihe von Führungen an, beispielsweise die eineinhalbstündige Stadtführung für Gruppen (ab 115 €) oder die einstündige Führung durch den Martiniturm (ab 85 €). Ebenfalls für Gruppen bietet der VVV auch thematische Führungen an, zum Beispiel zu Innenhöfen und Kirchen, moderner Architektur, Universität oder Hanse. Und es gibt ein Gruppen-Arrangement: Ein Tag Groningen mit Stadtführung, Mittagessen, Grachtenrundfahrt und Führung durch das Groninger Museum kostet pro Person ab 47,50 €.
Grote Markt 29, Tel. 050-3139741,
www.toerisme.groningen.nl

Lotsen in Groningen

Deutsche Studenten als Stadtführer, die ihre Landsleute durch Groningen lotsen? Was als Marketingidee begann, hat sich zu einer echten Erfolgsgeschichte entwickelt. Etliche Studenten haben mittlerweile ihre Prüfung und Probeführung bestanden und sichern sich nun als »Groninger Lotsen« den für Studenten so wichtigen Nebenverdienst. Es ist eine Führung der etwas anderen Art, bei der es vielleicht ein paar Fakten weniger gibt, dafür aber viele alltagstaugliche Tipps (damit man im wahrsten Sinne des Wortes nicht unter die Räder kommt). Gebucht werden können die studentischen Stadtführer über den VVV. Die offenen Führungen werden das ganze Jahr über samstags um 13.30 Uhr angeboten. In den Monaten Juli und August gibt es sogar jeden Tag eine Führung um 13.30 Uhr. Alle Führungen starten beim VVV am Grote Markt (6 €).

Geführte Radtouren

… bietet Fietsstad Groningen an, und zwar von April bis Oktober samstags um 10.30 Uhr (25 € inklusive Rad-Leihgebühr, andere Zeiten nach Absprache). Die zweieinhalbstündige Tour startet in der Poelestraat 56 (Fahrrad-geschäft Fietsverda). Unbedingt vorher reservieren! Ziel sind die »unbekannten Flecken« der Stadt, und die liegen zum Teil auch außerhalb der Innenstadt. Wer also beispielsweise den Noorderplantsoen (großer innenstadtnaher Park), das Pepergasthuis oder den Oosterhaven (früher das ökonomische Zentrum der Stadt, an dem Holz und Getreide umgeschlagen wurden) kennenlernen möchte, der wende sich an: Fietsstad Groningen, Tel. 06-18311480, www.fietsstadgroningen.nl

Grachtenrundfahrt

Wer keine Lust zum Laufen oder Radeln hat, kann sich Groningen auch vom Boot aus ansehen. Die Rundfahrt im Boot mit Glasdach dauert etwa eine Stunde und kostet 12,50 € (Erwachsene) bzw. 7 € (Kinder von 4 bis 11 Jahren). Die Zahl der täglichen Abfahrten variiert (bis zu fünf). Eine startet eigentlich immer um

Studentische Lotsen auf Erkundungstour

Das Schöne bei einer Grachtenrundfahrt: Das Dach lässt sich bei Regen schließen

14 Uhr (außer So), selbst im Winter. Möglichst 15 Minuten vorher an Bord sein. Los geht es ganz in der Nähe des Groninger Museums, am Kanal auf der Bahnhofsseite. Eines der vier Boote ist auch für Rollstuhlfahrer zugänglich (vorher reservieren).
Stationsweg 1012, Tel. 050-3128379, www.rondvaartbedrijfkool.nl

Kleine Gruppen mit bis zu 12 Personen können auch für 100 € einen alten Frachtkahn mieten, mit dem schon Blumen über die Grachten geschippert wurden. Mit diesem Boot umrundet Tonny Horst in etwa einer Stunde einmal die Groninger Altstadt und sorgt dabei für historische Erläuterungen und – gegen

Aufpreis – für Wurst- und Käsehäppchen sowie Getränke. Auf Wunsch fährt Horst auch nach Garnwerd (s. Seite 94) oder zum Hoornse Meer. Die Tour beginnt am Anleger Kleine der A (links vom Kunst-Pissoir des Architekten Rem Koolhaas), andere Startpunkte nach Absprache.
Tel. 06-54976576
www.groningsveer.nl

Übernachten in Groningen

Nein, es ist nicht ganz einfach, in Groningen eine gute, zentrale und noch dazu erschwingliche Unterkunft zu finden. In besseren Hotels zahlt man schnell um die 100 Euro für ein Einzelzimmer (Übersicht unter www.hotels.nl). Viele Häuser haben schwankende Zimmerpreise, weshalb auf den folgenden Seiten meist auch auf Preisangaben verzichtet wurde. Unbedingt beachten sollte man, dass Hotels das Frühstück in der Regel separat ausweisen, im Schnitt also immer ein zweistelliger Eurobetrag hinzugerechnet werden muss (wobei man natürlich nicht unbedingt im Hotel frühstücken muss). Die Übernachtungsbetriebe entrichten pro Gast und Nacht außerdem eine kleine Taxe an die Stadt, die mitunter ebenfalls extra ausgewiesen wird. Oft lohnt ein Blick auf die Arrangements, die zum Teil inklusive Frühstück sind und sich bei mehr als einer Nacht häufig als günstiger erweisen. Besondere Pakete schnürt auch der VVV, unter anderem für das Umland, mitunter auch mit originellen Unterkünften wie Pfarrhaus, Burg oder Soldatenbaracke (www.toerisme.groningen.nl/de/arrangements).

Eine preisgünstige Alternative zu den Hotels sind die Bed & Breakfast-Angebote, wobei es auch hier große Unterschiede gibt. Die Internetseite www.bedandbreakfast.nl bietet einen Überblick – einfach als Suchwort »Groningen« eingeben und schon erscheinen über 30 Unterkünfte mit Kontaktdaten und zum Teil auch Gäste-Beurteilungen. Ansonsten ist immer auch der VVV am Grote Markt eine gute Adresse bei der Suche nach einer geeigneten Bleibe.

Hotels & Apartments

Prinsenhof

Viel mehr Komfort in altem Gemäuer geht nicht, viel ruhiger kann ein zentrales Hotel nicht sein. Der Prinsenhof ist ein Ensemble aus mehreren historischen Bauten, gelegen zwischen Martinikirch-

Die ehemalige Ordenskapelle im Prinsenhof

hof und Prinsengarten. Im Mittelalter residierte hier ein Mönchsorden (s. Seite 71). Der größte und älteste Raum ist die ehemalige Ordenskapelle, heute das Grand Café. Hier nehmen die Hotelgäste ihr Frühstück ein, hier können aber auch andere Gäste tagsüber auf einem der Loungesessel Platz nehmen, mit Blick auf altes Mauerwerk oder in den Prinsengarten. Das benachbarte Restaurant hat sogar eine Terrasse zum Garten hin. Das Haus, das sich auch schon über den Besuch des Königs und über die Auszeichnung »Bestes Hotel in den Niederlanden« freuen durfte, hat 34 Zimmer – und keins gleicht dem anderen, wie auch, bei einer derart verwinkelten Bausubstanz? Die Zimmer sind zwischen 25 und 70 Quadratmeter groß. Mehrere Suiten erstrecken sich über zwei Ebe-

Edel ausgestattet und für bis zu sechs Personen: Suites & Apartments im Hotel Miss Blanche

nen. Ein großer klappbarer Flachbildschirm und ipod-Dockingstation sind Standard, WLAN und der Inhalt der Minibar gratis.
Martinikerkhof 23, Tel. 050-3176555, www.prinsenhof-groningen.nl/hotel

Hotel Miss Blanche

Suites & Apartments für bis zu sechs Personen in mehreren alten Häusern an der Hoge der A und der Brugstrat, also nur zwei Fußminuten vom Fischmarkt entfernt. Mal mit Blick auf die Gracht, mal nach hinten raus und absolut ruhig (nachts ist nur der Glockenschlag der A-Kirche zu hören). Jede Suite ist anders, die Ausstattung aber durchweg edel, von der Designer-Lampe über Boxspringbetten bis hin zum Marmor im Bad. Eigentlich muss nur noch der Kühlschrank gefüllt werden. Preise abhängig auch von der Anzahl der Nächte. Frühstück in einer Bäckerei in der Brugstraat möglich.
Hoge der A 4, Tel. 050-8200966, www.missblanche.nl

The Cannery

Apartments und Penthäuser für bis zu zwei Personen in einem alten Fabrikgebäude. Geräumig, hell, modern und funktional. Küchenzeile mit Gasherd, Mikrowelle, Kaffeemaschine, Teekocher, Geschirrspüler und Kühlschrank. Supermärkte um die Ecke, Parkhaus gleich nebenan. Kein Fahrstuhl. Einchecken in der Brasserie „Het Paleis", dort auf Wunsch auch Frühstück (12,50 €). Sommerabende im Innenhof mitunter laut. Die Nacht im Schnitt um die 100 €, bei längerem Aufenthalt günstiger.
Boterdiep 73-1, Tel. 050-2112565, www.thecannery.nl

Natürliche Materialien und spartanischer Look: Frühstücksraum im Asgard Hotel

Asgard Hotel

Haus mit bewegter Geschichte (Baujahr 1935). War ursprünglich eine Unterkunft für Krankenschwestern, wurde zwischenzeitig aber auch genutzt als Büro, Studentenheim und im Zweiten Weltkrieg sogar als Notfallkrankenhaus mit OP-Saal (im heutigen Frühstücksraum). Seit 2007 nur noch Hotel, stilistisch gesehen zweifellos eines der interessantesten in Groningen. Puristen haben ihre helle Freude an dem spartanischen Look, aber auch an den Farb- und Materialkombinationen, an Lehmwänden und natürlichen Materialien, vor allem Holz. 18 Zimmer hat das Haus. Bei der Suite im 3. Stock hockt der solvente Gast auf seiner kleinen Außenterrasse und genießt den Blick auf die A-Kirche.

Bei zwei Sorten Käse und drei Sorten Wurst zum Frühstück mag mancher zunächst die Nase rümpfen, dafür ist aber auch wirklich alles vom Feinsten. Die Wurst stammt von frei laufenden schottischen Hochlandrindern und der »Boerenkaas« von einem Hof bei Delfzijl – Details, die man nachlesen kann in einem ausliegenden Hefter. Kurzum: alles Bio. Ganzevoortsingel 2–1, Tel. 050-3684810, www.asgardhotel.nl

Hotel Corps de Garde

Modernes Hotel in altem Gemäuer, von außen monumental, von innen stilvoll renoviert. Gelegen an einer Gracht am nordwestlichen Rand der Altstadt von Groningen. Erbaut 1634. Zunächst residierten hier die Offiziere der Stadtwache. Im Erdgeschoss war eine offene Wachstube (heute Fenster, zum Teil zugemauert). Das Haus verfügt über 19 Zimmer in vier Preiskategorien. Die Zimmer sind alle unterschiedlich eingerichtet (Zimmer Nr. 6 ist rollstuhlgerecht). Und keine Sorge wegen der nahen Straße: Die Ohrstöpsel liegen griffbereit auf dem Nachtschrank. Angenehm für Autofahrer: Die passende Designer-Parkgarage (Q-Park) liegt gleich gegenüber auf der anderen Seite der Gracht. Oude Boteringestraat 74, Tel. 050-3145437, www.corpsdegarde.nl

Hotel de Doelen

Traditionsreiches Haus direkt am Grote Markt, also mitten in Groningen. Gleich neben der größten Kneipe Europas, kürzer kann der Weg für Nachtschwärmer nicht sein. Bitte bedenken: So schön ein Zimmer zum Marktplatz auch ist – an warmen Sommerabenden tobt vor dem Haus das schiere Leben. Preise wechseln nahezu täglich. Wochenende teuer.

Grote Markt 36, Tel. 050-3127041, www.hotel-dedoelen.nl

Apollo Hotel

In zwei markanten Türmen direkt an der E22 (Abfahrt Groningen West), sprich: leicht erreichbar, jedenfalls mit Navi, aber auch etwas abseits. Parken in Hotelnähe kostenlos, Tiefgarage 7,50 €/Tag. Mit dem Rad knapp zehn Minuten zur Innenstadt. Die 105 Zimmer verteilen sich auf drei Etagen und sind durchweg in eher dunklen Farben gehalten. Frühstück mit Knol's Koek, einer lokalen Lebkuchen-Spezialität, und freiem Blick auf den »Affenfelsen« (s. Seite 17). Laan van de Vrijheid 91, Tel. 050-7630070, www.apollohotelgroningen.nl

The Student Hotel

Ältere Semester sollten sich vom Namen nicht abschrecken lassen - hinter der eher nüchternen Fassade verbirgt sich eine nette Mischung aus Studentendomizil und Hotel. 365 Zimmer, zu 80 Prozent für Studierende aus aller Herren Länder, von Aserbaidschan bis Venezuela. Der Rest für Hotelgäste. Zentrumsnah, ruhig, unkompliziert. Gute Betten und daneben - als besonderer Service - griffbereit ein Kondom. Gemeinschaftsräume mit Sitzecken, Fitnessraum (gratis) und Fahrradverleih (12 €/Tag). Beim Frühstück lässt man das Leben auf dem Boterdiep an sich vorbeiziehen. Besondere Konditionen bei längerem Aufenthalt. Boterdiep 9, Tel. 050-2069161, www.thestudenthotel.com

Andere Unterkünfte

Bed & Breakfast Nummer 15

Im Peizerweg 15, also nicht in der Innenstadt, aber immer noch sehr zentral und nur gut fünf Fußminuten vom Hauptbahnhof entfernt. Wird in einschlägigen Internetforen zu Recht mit guten Beurteilungen bedacht. Zwei Zimmer im zweiten Stock eines Hauses aus den 1920er Jahren, das eine zum Peizerweg hin, das andere (ruhigere) nach hinten raus und mit Balkon. Bad und Gäste-WC sind mit Mosaiken im Stile von Hundertwasser ausgestaltet. Das Frühstück wird in der Wohnküche serviert. Die erste Nacht 40 € für eine und 75 € für zwei Personen (inklusive Frühstück), jede weitere Nacht 35 € pro Person. Saunanutzung 15 €. Peizerweg 15, Tel. 06-40229489, www.nummer15.eu

Noch ohne Chipkarte: Hotel de Doelen

The Student Hotel, hier Restaurant (abends) und Frühstücksraum (morgens).

Bud Gett Hostel

Rot, gelb, blau – diese Farben dominieren im Bud Gett Hostel. Für Leute mit kleinerem Budget. Preis für ein Nachtlager im Mehrbettzimmer ab 30 € (Bettwäsche und Handtücher inklusive), dazu kommen Frühstück (7,50 €) und Kurtaxe. Kleine Zimmer eher für Familien, größere Zimmer mit bis zu zehn Betten vor allem für Gruppen und Rucksackreisende. Wer dem Pfeil zur Bar folgt, landet im Grand Café des Hotel Martini (gleicher Besitzer) und kann dort Billard spielen, im Internet surfen oder sich ein Fahrrad leihen.

Rademarkt 3–3a, Tel. 050-5886558, www.budgetthostels.nl

Simplon Youth Hostel

Ebenfalls Mehrbettzimmer (bis zu sechs Betten), außerdem drei Schlafsäle (bis zu 20 Betten). Insgesamt 93 Betten, in der Regel überwiegend von Studenten belegt. Einfacher Standard. Gemeinschaftsduschen. Dank Schließfach, Waschmaschine, Trockner und Internet auch für ein paar Tage länger. Preis pro Nacht im großen Schlafsaal ab 18 €, Frühstück 5,50 €, Taxe 1,45 €. Bettwäsche inklusive. Zimmer zur Alleinnutzung inklusive Frühstück ab 38 €, zu zweit ab 59,50 €. Preise am Wochenende etwas höher, dann vor allem empfiehlt sich eine Reservierung. Das Hostel liegt unmittelbar neben dem gleichnamigen »Jugendkulturzentrum«, wenige Minuten außerhalb des Zentrums.

Boterdiep 73–2, Tel. 050-3135221, www.simplonjongerenhotel.nl

Camping Stadspark

Günstiger geht es nicht, jedenfalls nicht im Sommer. Zwei Personen mit Auto und größerem Zelt oder Wohnwagen oder Wohnmobil zahlen pro Nacht 25 € (inklusive Strom und Kurtaxe). Zwei Personen mit Auto und kleinerem Zelt nächtigen sogar für unter 20 €. Jugendliche und andere Zelter sowie Wohnwagen werden getrennt. Viele Schatten spendende Bäume. Außerdem mehrere einfache Hütten, mit Hochbetten, Tisch und Stühlen, aber ohne Kochgelegenheit (ab 35 €, unbedingt reservieren).

Viel Platz und viel Ruhe: Camping Stadspark

Restaurant auf dem Platz (kein Frühstück). WLAN gratis, aber wohl erst 2019 überall auf dem Platz. Mit dem Leihrad (7,50 €/Tag) zehn Minuten zur Innenstadt, einmal quer durch den Stadtpark. Geöffnet von Mitte März bis Mitte Oktober. Zufahrt am besten über E22, Abfahrt Mulock Houwerlaan.
Campinglaan 6, Tel. 050-5251624, www.campingstadspark.nl

Stee in Stad

Stee in Stad ist keine gewöhnliche Unterkunft. Es gibt keine Bar, kein Restaurant und auch keine 24-Stunden-Rezeption. Ansonsten bietet Stee in Stad aber so ziemlich alles, was andere Unterkünfte auch bieten. Nur dass sich die zwölf Zimmer auf drei Wohnungen im Korrewegwijk verteilen, einem Viertel nördlich der Innenstadt (gut fünf Minuten mit dem Rad). Jedes Zimmer ist individuell gestaltet, jedes hat sein eigenes Thema. Besonders beliebt ist das Klimt-Zimmer, inspiriert von Gustav Klimt, besonders groß das »Moulin Rouge-Zimmer«, in dem auch eine Familie mit zwei größeren Kindern Platz findet. Badezimmer und Küche werden gemeinschaftlich genutzt. Die Rezeption ist im ehemaligen Tante-Emma-

Gustav Klimt stand Pate
bei der Gestaltung dieses Zimmers

![Stee in Stad: Die Gäste frühstücken gemeinsam]

Stee in Stad: Die Gäste frühstücken gemeinsam

Laden des Viertels, ein paar Hundert Meter von den Wohnungen entfernt. Hier wird auch das Frühstück serviert, hier lernt man die ehrenamtlichen Mitarbeiter kennen. Wer bei Stee in Stad übernachtet, unterstützt ein soziales Projekt, das sich der Entwicklung des Stadtteils und seiner Bewohner verschrieben hat, darunter »Menschen mit einer Distanz zum Arbeitsmarkt«, wie es auf der Internetseite heißt – viel netter kann man es eigentlich nicht sagen. Einzelzimmer ab 42,50 €, Doppelzimmer ab 62,50 €, plus Kurtaxe und – auf Wunsch – Frühstück (6,50 €). Soendastraat 5, Tel. 050-5779896, www.steeinstad.nl

Hotelschip »Mars«

Ein Zweimaster, Baujahr 1924, der im Sommer durch IJssel- und Wattenmeer schippert. Von November bis Ende März ankert die »Mars« innenstadtnah in einer Gracht zwischen alten Lagerhäusern. Pro Nacht und Koje 42,50 € inklusive Frühstück. 13 Kabinen, 34 Betten.

Im Sommer unterwegs, im Winter vor Anker: Hotelschip »Mars«

Einfach, robust und atmosphärisch kaum zu schlagen. Beliebt auch bei Gruppen.
Hoge der A, Tel. 050-3142159, www.hotelschip.eu

Pakhuissuites

Drei geräumige Appartements, untergebracht in zwei alten Speicherhäusern aus dem 16. Jahrhundert. Die Außenmauern wurden noch aus Steinen der alten Stadtmauer errichtet. Gute Lage, nur wenige Minuten vom Grote Markt entfernt. Nur die Straße selbst ist weniger schön. Stilvoll und modern eingerichtet. Voll ausgestattete Küche, Flatscreen, DVD und rückenschonende Boxspringbetten. Pro Nacht 110 € für zwei Personen, 140 € für drei oder vier Personen. Plus 5 € pro Person für die Reinigung. Frühzeitig reservieren, vor allem am Wochenende.
Kleine Butjesstraat 1, Tel. 06-29038709, www.pakhuissuites.nl

Eine private und noch dazu kostenlose Unterkunft findet man mit Glück bei www.couchsurfing.com. Eigene Gastfreundschaft wird zwar nicht zwingend vorausgesetzt, ist aber gern gesehen. Beliebt bei vornehmlich jüngeren Groningen-Gastgebern und -Besuchern ist auch das Internetportal www.airbnb.de (abgeleitet von Airbedandbreakfast, also »Luftmatratze und Frühstück«). Wer sich anmeldet, muss zunächst etliche persönliche Daten hinterlassen (woran sich bereits die Kritik von Datenschützern entzündete) und kann dann unter Dutzenden von privaten Angeboten in Groningen wählen, darunter das individuell gestaltete Hausboot oder das luxuriöse Apartment. Preis je nach Lage und Ausstattung von unter 20 € bis weit über 200 € pro Nacht. Zahlreiche weitere Angebote auch für die Provinz Groningen.

Mit Glück findet man auch auf einem Groninger Hausboot eine Unterkunft

Abstecher in die Provinz

Die Provinz Groningen ist eine der 12 niederländischen Provinzen und füllt gleichsam den Nordosten des Landes aus. Sie grenzt unmittelbar an Ostfriesland und das Emsland. Die Provinz hat ein recht abwechslungsreiches Landschaftsbild, mit Moorkolonien, Heide und Wäldern im Süden, einer Polderlandschaft und dem Wattenmeer im Norden sowie fruchtbarem Ackerland im Osten. Und die Provinz ist wie geschaffen für eine Fahrradtour. Die auf den folgenden Seiten vorgestellten Ziele lohnen jeweils für sich eine Tour, lassen sich aber auch gut kombinieren. Eine Radtour von Groningen über Pieterburen an die Nordseeküste und weiter bis Appingedam ist 105 Kilometer lang. Von Appingedam bringt ein Zug Rad und Radler in 34 Minuten nach Groningen zurück. Das Wegenetz ist gut ausgebaut, bergauf geht es bestenfalls beim Überqueren von Warften, Deichen oder der N46, die Groningen und Eemshaven verbindet, und wenn der Wind (oft Westwind) dann noch von hinten kommt, braucht man eigentlich nur noch ein oder zwei Tage Zeit. Dabei sollte man vielleicht nicht unbedingt an einem Montag oder Dienstag radeln, weil dann vieles geschlossen ist. Entweder man fährt auf eigene Faust, dann ist sicher eine gute Karte hilfreich. Außerdem findet man an vielen Weggabelungen eine Karte mit »Fietsknooppunten« – diese Knotenpunkte bilden ein Netzwerk, von der gewählten Route kann also eigentlich niemand abkommen. Am Ende des Kapitels werden mit der Festung Bourtange, dem Kloster Ter Apel und dem Moorkolonienmuseum Veendam drei lohnende Ziele im Süden der Provinz vorgestellt.

Aduard

… ist ein Dorf im Nordwesten von Groningen. Hier war früher eines der größten und einflussreichsten Klöster in ganz

Eine der ältesten Kulturlandschaften Europas: Middag-Humsterland

Von Groningen aus mit Rad und Boot gut zu erreichen: Café Hammingh in Garnwerd

Nordeuropa: das St. Bernarduskloster, gegründet am 5. Juni 1192. Es war sehr reich und besaß mehr als 5600 Hektar Land. Zum großen Grundbesitz kamen Kapital und Unternehmergeist. Mit dem Bau von Deichen, Brücken und Sielen schufen die Mönche die Voraussetzung für die Besiedlung des sumpfigen Landes, und auch der akademische Betrieb genoss einen ausgezeichneten Ruf. 1580 ging das Kloster und mit ihm eine wertvolle Bibliothek im Zuge der Reformationskämpfe in Flammen auf. Die Mönche fanden Zuflucht in ihrem Stadthaus in Groningen. Auf dem Gelände des Klosters entstand nach und nach das heutige Dorf. Besuchen sollte man das kleine Museum in einem der ältesten Häuser von Aduard (um 1600) und die Abteikirche, ein lang gestreckter Backsteinsaal, in dem vermutlich kranke Mönche gepflegt wurden. Der Fußboden aus glasierten Ziegeln ist noch original erhalten. Auch lohnt ein Blick auf die Sanduhr neben der Kanzel – war die Predigt zu lang, bekam der Pastor weniger Geld.

Garnwerd

… liegt am Reitdiep, der natürlichen Wasserverbindung zwischen Groningen und Nordsee, und ist ein beliebtes Ausflugsziel. Denn Garnwerd hat viele Dinge, die ein Besucher von einem schmucken niederländischen Dorf erwartet, zum Beispiel eine Mühle, eine Zugbrücke und einen traditionsreichen gastronomischen Betrieb: das Café Hammingh, erbaut 1876 von Egbert Hammingh senior (www.cafehammingh.nl). Außerdem sollte man unbedingt einmal auch die »Burgemeester Brouwersstraat« durchqueren: Sie ist die schmalste mit einem Auto befahrbare Straße in den Niederlanden.

Middag-Humsterland

Auf dem Weg von Groningen an die Nordseeküste durchquert man eine der ältesten Kulturlandschaften Europas: Middag-Humsterland. Im Zickzackkurs folgen die Radwege dem Lauf der Kanäle durch eine offene Marschenlandschaft. Die Kanäle haben oft einen natürlichen Ursprung – es handelt sich um ehemalige Priele, also Wattrinnen. Wer mehr über die Geschichte dieser Kulturlandschaft und den 2500 Jahre währenden Kampf gegen das Wasser erfahren möchte, kommt am Regionalmuseum »Wierdenland« in Ezinge nicht vorbei (www.wierdenland.nl). Wierden sind künstlich angelegte Hügel, in Friesland »Terpen« und in Deutschland »Warften« oder »Wurten« genannt. Und Ezinge ist neben Niehove die wohl bekannteste Wierde in einer Region, die früher noch regelmäßig überflutet wurde.

Eenrum

In Eenrum lädt Abrahams Mosterd Makerij (www.abrahamsmosterdmakerij.nl) dazu ein, die Produktion einer regionalen Delikatesse kennenzulernen: Groninger Senf. Die gelben und die noch schärferen schwarzen Körner werden grob gemahlen und dann zusammen mit Essig, Wasser, Salz und einer geheimen Kräuterrezeptur in einen großen Bottich gegeben. Darin reifen sie rund sechs Wochen bei gelegentlichem Rühren. Das Ergebnis kann man in dem kleinen Museum testen. Angeboten werden drei Geschmacksrichtungen: normal, Honig und Knoblauch. Vorsicht, scharf! Auch das Restaurant erfreut sich eines guten Rufs.

Lauwersmeer

Der weithin unbekannte Nationalpark Lauwersmeer liegt auf dem Weg zur Insel Schiermonnikoog und wird meist links liegen gelassen. Dabei schaffte er es vor Jahren bei dem Wettbewerb »Schönster Ort der Niederlande« bereits auf einen beachtlichen dritten Platz. Das Lauwersmeer entstand 1969 durch das Eindeichen der Lauwerszee, einer Wattenmeerbucht. In dem 9000 Hektar großen Nationalpark sind unter anderem Turmfalken, Löffler, Schwarzstörche und auch der seltene Seeadler zu Hause oder zu Gast. Außerdem ist das Lauwersmeer Rastplatz und Tankstelle für viele Zugvögel auf ihrem Weg von Skandinavien ins afrikanische Winterquartier. Hauptort und Basislager für Exkursionen ist Zoutkamp. In dem ehe-

Ob es wohl ein Ehepaar war? Alte Grabsteine neben der Kirche von Ezinge

maligen Fischerdorf gehört der Verzehr eines frisch geräucherten, noch warmen Aals zum touristischen Pflichtprogramm – als nahrhafte Grundlage für ausgedehnte Radtouren oder Kanufahrten. Wer Barsch, Scholle, Kabeljau oder Meeräsche favorisiert, sollte sich bis zum Ende der Pier in dem kleinen Hafen von Lauwersoog vorwagen. Hier haben sich Barbara und Jan Geertsema dem »Slow Fish«-Gedanken verschrieben. Ihr »'t Ailand« zählt zu den besten Fischrestaurants in den Niederlanden.

Pieterburen

... war in den 1960er Jahren eine regionale Hochburg der »Provos«, einer anarchistischen Bewegung, die mit Vorliebe das Establishment und gern auch das niederländische Königshaus auf die Schippe nahm und als Vorläuferbewegung der 68er gilt. Heute ist Pieterburen der touristische Nabel der nördlichen Provinz Groningen. Zum einen, weil hier der Pieterpad beginnt, der längste und bekannteste Fernwanderweg der Niederlande, der nach 26 Tagesetappen und fast 500 Kilometern in St. Pietersberg bei Maastricht endet (www.pieterpad.nl), zum anderen, weil der Ort geradezu ein Synonym für eine einzige Attraktion ist: die Seehundaufzuchtstation (www.zeehondencreche.nl). Hier darf man, was man in der freien Natur tunlichst lassen sollte: junge Seehunde aus der Nähe betrachten. Seit Gründung der Station 1971 wurden hier Tausende von kranken und verwaisten Seehunden aufgepäppelt. Drei Monate verbringen die Tiere im Schnitt in der »Reha-Klinik für gestrandete Seehunde«. Neben Seehunden werden auch Kegelrobben aufgenommen. Die Kegelrobbe ist das größte Raubtier in unseren Breiten.

Noordpolderzijl

… ist der kleinste Seehafen der Niederlande und ein beliebter Ausgangspunkt für Wattwanderungen (www.wadlopen.com). Wer glaubt, Wattenmeer ist gleich Wattenmeer, der irrt gewaltig. Das Watt vor Noordpolderzijl ist tiefster Schlamm.

Pronkkamers

Wer stilecht in Deichnähe übernachten möchte, sollte eine »Pronkkamer« wählen. Dies war bis ins vorige Jahrhundert so etwas wie die gute Stube eines Herrenbauern, in der man die Sonn- und Feiertage verbrachte und seine Gäste empfing. Unter diesem Namen haben sich landesweit zahlreiche Bauernhöfe zusammengeschlossen, die Bed & Breakfast anbieten, nach Provinzen geordnet und oft nicht weit von der Nordsee entfernt – zu finden unter: www.pronkkamer.nl

Bereits im ersten Priel versackt man bis zu den Hüften im grauen Schlick. Man braucht also erstens gutes Schuhwerk (die Herzmuscheln sind scharfkantig) und zweitens einen erfahrenen Wattführer wie Staats Mooibroek, der einem erklärt, wie man wieder herauskommt aus dem Modder. Oder was man mit einem Salzwiesen-Gewächs wie Strandbeifuß so alles machen kann. Das Heilkraut wurde früher gegen müde Füße in Schuhe gestopft (daher der Name). Und noch heute wird Absinth daraus hergestellt.

Nach so einer Wattwanderung steht einem der Sinn nach einer heißen Tasse Kaffee. Bevor man allerdings in das Café 't Zielhoes (www.zielhoes.nl) gleich neben der Schleuse von Noordpolderzijl stürmt, sollte man sich gründlich den Schlick von den Schuhen spülen. Nichts erinnert in dem gerade mal 20 Quadratmeter großen Café daran, dass hier bereits einer der ganz Großen des Musikgeschäfts seinen Kaffee getrunken hat: Bob Dylan. Nach einem Konzert in Groningen schwang er sich aufs Rad und durchquerte eine Landschaft, die ihn sehr an den Mittleren Westen der USA erinnerte. Im Café 't Zielhoes bestellte er einen Kaffee und wunderte sich über den Besitzer, der kaum ein Wort von sich gab und

Bob Dylan
war auch schon hier: Café 't Zielhoes

Für viele die schönste Burg im Groninger Land: Menkemaburg in Uithuizen

seinem Gast offenbar auch nicht recht über den Weg traute. Dylan aber genoss es, endlich mal nicht erkannt zu werden. Als Dylans Begleiter den Wirt auf seinen berühmten Gast aufmerksam machte, soll der geraunt haben, das sei ihm egal: »Wenn er nur seinen Kaffee bezahlt.«

Uithuizen

Die Menkemaburg in Uithuizen zeugt vom Lebensstil und Standesbewusstsein des Landadels im 18. Jahrhundert. Von den ehemals rund 200 Burgen im Groninger Land sind ganze 16 erhalten geblieben, und die Menkemaburg gilt als die schönste. Die Burg war anfangs nicht viel mehr als ein einfaches Steinhaus, das sich Bauern im 14. Jahrhundert als Zufluchtsort errichtet hatten. Im Laufe von drei Jahrhunderten wurde aus dem schlichten Bau ein repräsentativer Landsitz. 1902 starb der letzte Bewohner, und fast scheint es, als habe man vergessen, das Silberbesteck wegzuräumen. Ein langer Flur teilt die Burg in zwei Hälften. Am Ende des Flures befindet sich das Schlafgemach mit einem pompösen Himmelbett aus chinesischem Seidendamast – hier soll mit Wilhelm III. bereits

ein niederländischer König seinen Rausch ausgeschlafen haben. Die Küche im Keller ist der älteste Teil der Burg, zu erkennen am dicken Mauerwerk und einer niedrigen Decke. Umgeben wird die Burg von einer Gracht und einer Gartenanlage mit Skulpturen, Rosentunnel und Heckenlabyrinth (www.menkemaborg.nl).

Appingedam

… ist ein kleines Städtchen, das es in der Vergangenheit wahrlich nicht immer leicht hatte. Dabei begann alles so erfreulich: 1327 schon bekam Appingedam Stadtrechte und durfte seine Geschicke selbst regeln. Auch hatte man bis ins

Im Garten der Menkemaburg

14. Jahrhundert hinein einen offenen Zugang zur Ems, konnte also bereits mit Norwegern, Schweden und Balten Handel treiben. Hinzu kam ein Marktrecht, das es der Stadt erlaubte, Steuern zu kassieren (die alte Waage steht heute im Museum). Kurzum: Appingedam war reich – davon zeugten allein rund 80 steinerne Bauten. Doch dann gelang es den Groningern, sich Marktprivilegien (Stapelrecht) zu sichern und so dem Um-land und damit auch Appingedam wirtschaftlich das Wasser abzugraben. Damit nicht genug: Auch die Hafenstadt Delfzijl, mit Groningen durch den Eemskanal verbunden, hat Appingedam wirtschaftlich gesehen den Rang abgelaufen. Und so können sich die »Damster« nur mit dem Gedanken trösten, dass es in Delfzijl nicht viel mehr zu sehen gibt als das Maigret-Denkmal, das daran erinnert, dass der belgische Krimi-Erfolgsautor

Die Kornkammer

Südlich von Appingedam und hier vor allem in einem Landstrich namens Oldambt erwies sich der schwere Dollartklei bereits im 18. Jahrhundert als idealer Nährboden für Getreide – nur an wenigen Stellen auf der Erde erzielten Bauern so hohe Erträge. Hier residierten die »Polderfürsten«, die der Schriftsteller Frank Westerman in seinem Buch »Das Getreideparadies« verewigt hat. Es waren Bauern »ohne Dreck unter den Nägeln oder Schwielen an den Händen«. Westerman hat zugleich ein lebendiges Bild von ihren sozialen Gegenspielern gezeichnet, den Landarbeitern, die mit Streik und Stimmzettel der Willkür eben dieser Herrenbauern zu begegnen suchten. Die Dörfer Beerta, Finsterwolde und Nieuweschans bildeten lange Zeit ein »rotes Dreieck«. Beerta hatte die einzige kommunistische Bürgermeisterin der Niederlande. Und Finsterwolde gelangte als »Little Moscow« (Time Magazine) zu zweifelhaftem internationalen Ruhm. 1949 bekamen die Kommunisten hier 751 von 1022 Stimmen. Noch im März 1994 erzielte die »Neue Kommunistische Partei der Niederlande« eine knappe absolute Mehrheit. Und auch heute noch ist die nur regional agierende »Vereinigte Kommunistische Partei« im Rat der Gemeinde Oldambt vertreten. Westerman hat den Wandel der Region am Beispiel von drei Familien beschrieben. Einer der Protagonisten ist Sicco Mansholt, selbst Spross eines Herrenbauerns und nach dem Zweiten Weltkrieg zunächst Landwirtschaftsminister der Niederlande und später EWG-Agrarkommissar. Die von Mansholt verantwortete Agrarpolitik mit Preisgarantien selbst für Überschüsse mündete in Milchseen und Butterberge. Unter dem Einfluss der Grünen-Politikerin Petra Kelly vollzog Mansholt auf seine alten Tage eine Kehrtwendung. Und auch das Oldambt wandelte sich: Was in jahrhundertelanger Fron dem Meer abgerungen worden war, wurde nun renaturiert, sprich: wieder unter Wasser gesetzt – die »Blaue Stadt« entstand.

Die hängenden Küchen von Appingedam

Georges Simenon die Figur des Inspektors Maigret auf einem Segelschiff vor Delfzijl ersonnen hat (so jedenfalls will es die Legende). Appingedam dagegen kann mit einem schmucken Rathaus (eines der kleinsten in den Niederlanden, Renaissancefassade), der Nikolaikirche (Wand- und Deckenmalereien), vor allem aber mit seinen berühmten hängenden Küchen aufwarten. Diese Küchen, heute die größte touristische Attraktion der Stadt, waren eigentlich eher eine Verlegenheitslösung. Denn als der Handel einbrach und aus den alten Lagerhäusern am Damsterdiep Wohnhäuser wurden, fehlte Platz für eine Küche – so entstanden die hölzernen Vorbauten über dem Wasser.

Veendam

Das Bourtanger Moor erstreckte sich früher von der Stadt Groningen bis weit ins Emsland hinein – es war das größte zusammenhängende Moorgebiet Europas. Was anfänglich ein

Es geht ruhig
und beschaulich zu in Appingedam

»gottverlassenes« Stück Erde war, sollte sich ab dem 16. Jahrhundert als wahre Goldgrube erweisen: Torf war das Erdöl des Mittelalters, unverzichtbar zum Heizen und bei der Produktion von Backsteinen. Die Geschichte der Moorkolonisierung lässt man sich am besten im Veenkolonialmuseum in Veendam (www.veenkoloniaalmuseum.nl) erzählen. Dank mehrsprachiger Erläuterungen an vielen Exponaten – darunter ein komplettes Plattbodenschiff sowie eine Genevertonne, in der ein leidgeprüfter Kapitän seine auf See verstorbene Frau konservierte – wird auch deutschen Gästen dieses Kapitel Groninger Geschichte verständlich gemacht.

Bourtange

Auch die Gemeinde Westerwolde im südlichen Zipfel der Provinz Groningen war über Jahrhunderte eine eher unwirtliche Gegend. Nur ein schmaler Pfad führte durch das Bourtanger Moor in Richtung Groningen, und genau an dieser strategisch wichtigen Stelle – keine zwei Kilometer von der heutigen Grenze zu Deutschland entfernt – entstand eine einzigartige Festungsanlage: Bourtange (www.bourtange.nl). Mit dem Bau wurde 1581 begonnen, im 80-jährigen Krieg. Die Spanier hielten Groningen besetzt und schafften ihren Nachschub aus Münster herbei. Prinz Wilhelm I. von Oranien, einer der Anführer des Freiheitskampfes der Niederländer, wollte die Versorgung Groningens unterbinden – und gab den Auftrag zum Bau einer Schanze mit fünf Bastionen. Im Laufe der Jahrhunderte wurde Bourtange immer weiter ausgebaut. 1742 erreichte die Anlage ihre größte Ausdehnung. In Friedenszeiten hielten sich in Bourtange einige Hundert Soldaten auf, in Kriegszeiten bis zu 2000. In der ersten Hälfte des 19. Jahr-

Über die Zugbrücke beim Friesischen Tor betreten Besucher die Festung Bourtange

Aus der Luft betrachtet wird der Festungscharakter von Bourtange besonders deutlich

hunderts verlor die Festung ihre strategische Bedeutung. 1850 wurde sie offiziell aufgegeben. Bauern schleiften die Wälle und schütteten fast alle Gräben zu. Gut ein Jahrhundert lang war Bourtange ein Dorf wie jedes andere auch. Um 1960 besannen sich die Bourtanger auf die historischen Wurzeln und gaben grünes Licht für eine Rekonstruktion der Festung.

Heute ist Bourtange eine Mixtur aus Touristenattraktion und normalem Dorf. Von der Zugbrücke beim Friesischen Tor bis zum Mittelpunkt des Dorfes, dem Marktplatz, sind es nur wenige Schritte. Linden säumen den fünfeckigen Platz, die meisten von ihnen sind um die 400 Jahre alt. Hier wohnten früher die Offiziere. Das 1661 erbaute Kapitänshaus kann besichtigt werden. Die Soldaten waren in den Kasernen im äußeren Ring untergebracht. Eines der ehemaligen Kasernengebäude beherbergt heute ein Hotel, ein anderes das Museum – es dokumentiert Alltag, Freizeit, Handel und Wandel in der Festung. Einen

Eindruck von der Landschaft und dem Kriegsgeschehen anno dazumal vermittelt die Ausstellung »Terra Mora« (eröffnet 2015). Ansehen sollte man sich auch die Synagoge in der Batteriestraße, ein Bau aus dem Jahre 1842. Die Nationalsozialisten deportierten alle jüdischen Bewohner. 46 Namen stehen auf einer Gedenktafel an der Synagoge, die

Gesehen in Bourtange

Jüngste von ihnen, Louise Frank, war vier Jahre alt.

Umgeben wird das ganze Dorf von einem acht Meter hohen Wall. Die dicksten Kanonen stehen heute in der Heckmansbastion im Südosten der Festung. In nicht einmal zwei Kilometern Entfernung ist ein Wald zu sehen, der in etwa die Grenze zu Deutschland markiert. In der Saison zieht hier jeden Sonntag um 15 Uhr eine Gruppe von Soldaten und Marketenderinnen auf. Dann wird mit viel Tamtam eine der Kanonen entzündet. Und an einem Wochenende im Mai oder Juni tobt noch einmal die »Schlacht um Bourtange«. Dann kommen 400 bis 500 Hobby-Soldaten aus ganz Europa, um den Kampf gegen die Spanier im 80-jährigen Krieg oder den gegen die Franzosen im Jahre 1814 nachzustellen (der Kriegsgegner wechselt im Jahresrhythmus).

Kloster Ter Apel

Knapp 40.000 Menschen finden jedes Jahr den Weg nach Ter Apel (www. kloosterterapel.nl), und vermutlich ist der eine oder andere darunter, der nur oder gerade des Bieres wegen kommt. Denn in Ter Apel wird in bester Klostertradition seit einigen Jahren wieder Bier gebraut. Wer sich durch die verschiedenen Sorten testet, lernt ganz nebenbei einige Heilige der Kreuzherren kennen, also des Ordens, der das Kloster 1465 gründete. So ist zum Beispiel das Weißbier mit Kirschsaftanteil und einem Alkoholgehalt von 3,5 Volumenprozent nach »Helena« benannt und das Schwarzbier (9 bis 13 Prozent) nach »Peregrinus«.

Natürlich wäre es ein schweres Versäumnis, würde man nur des Bieres wegen nach Ter Apel fahren. Denn wo sonst in Nordwesteuropa kann man ein derart gut erhaltenes Landkloster besichtigen?

Gut erhalten: das Landkloster Ter Apel

Die Kreuzherren waren im Mittelalter einer von acht Orden, die in der Provinz Groningen aktiv waren. Diese Orden betrieben 34 Klöster – geblieben ist nur das in Ter Apel. Sechs oder sieben Priester hielten hier die Messe ab und kümmerten sich um die Seelsorge. Außerdem lebten im Kloster über 20 Brüder und rund 150 Laienbrüder. Sie betreuten die vielen Pilger und Händler, die auf ihrem Weg von Münster nach Groningen Station in Ter Apel machten. Eine weitere wichtige Aufgabe war die Versorgung und Pflege der Kranken. Mit der Reformation im Jahre 1594 endete die Blütezeit des Klosters.

Da im gesamten Gebäude auf Erläuterungen verzichtet wurde, lässt man sich am besten an der Kasse eine Wegbeschreibung geben. Mit ihrer Hilfe wandelt man auf den Spuren von »Bruder Jakob«. Wie er ausgesehen haben könnte, zeigt eine lebensgroße Figur im Kreuzgang – sie trägt das Ordensgewand mit dem rotweißen Kreuz in Brusthöhe. Rechts vom Kreuzgang liegt der Innenhof des Klosters mit dem Kräutergarten, links der Kapitelsaal, in dem sich die Kreuzherren zu ihren Beratungen trafen und der Prior seinen Mitbrüdern auch mal ins Gewissen redete, ja sogar Strafen aussprach.

Die Heilige Messe wurde in der Kanonikerkirche abgehalten. Besonders auffällig hier: der gotische Lettner aus Baumberger Kalksandstein. Über eine hölzerne Stiege, die zum Lettner hinaufführt, erreicht man das Krankenlager und das Scriptorium (Schreibzimmer). Der Rundgang endet sinnigerweise im Klostercafé »De Refter«, dem ehemaligen Refektorium, in dem die Kreuzherren einst schweigend ihre drei Tagesmahlzeiten einnahmen.

Kloster Ter Apel: Wandmalerei im ehemaligen Krankenlager ...

... und der Kreuzgang mit Fotoobjekt

Geschichte

Der Zipfel im Norden

Es ist die besondere Lage, die die Geschichte Groningens maßgeblich geprägt hat: zum einen auf dem nördlichen Ende einer Hügelkette, die sich von Groningen rund 60 Kilometer weit in Richtung Süden erstreckt, bis tief in die Provinz Drenthe hinein, zum anderen an einem natürlichen Zugang zur Nordsee. Außerdem lag die Stadt immer auch ein bisschen abseits vom großen Weltgeschehen, zu weit entfernt von den Zentren der Macht, um allzu große Begehrlichkeiten bei entfernten Potentaten zu wecken.

Die Vorteile einer etwas höheren Lage nutzten die Ur-Groninger offenbar bereits vor rund 12.000 Jahren, denn so alt sind die ältesten Spuren menschlichen Lebens in Groningen. Entdeckt wurden sie bei Ausgrabungen auf dem Gelände des UMCG-Hospitals. Deutlich jünger sind die ältesten Siedlungsspuren, die auf etwa 300 v. Chr. datiert werden. Zu jener Zeit war Groningen kaum mehr als ein loser Haufen verstreut liegender Höfe. Rund 1000 Jahre später, also etwa Mitte des 7. Jahrhunderts, existierte im Bereich des heutigen Grote Markt bereits ein fester Siedlungskern.

In der zweiten Hälfte des 8. Jahrhunderts begann von Dokkum aus die Christianisierung des Groninger Landes. 800 wurde eine Holzkirche errichtet – es ist die erste Martinikirche – und um 1000 durch einen Bau aus Tuffstein ersetzt. Der Name der Stadt (»Villa Cruoninga«) wurde erstmalig in einer Urkunde aus dem Jahre 1040 erwähnt. In diesem Jahr ging sie als Schenkung des deutschen Königs Heinrich III. auf den Bischof von Utrecht über. Das Verhältnis zwischen den Bischöfen und der Stadt Groningen war geprägt von Konflikten. So musste eine erste, im Jahre 1110 errichtete Stadtmauer schon zwei Jahre später auf Geheiß des Bischofs von Utrecht wieder abgetragen werden. Trotz seiner frühen Stadtrechte blieb Groningen noch rund zwei Jahrhunderte unter dem Einfluss Utrechts.

Entscheidend für die weitere wirtschaftliche Entwicklung der Stadt war die Lage am nördlichen Zipfel des Hondsrug. Dieser Sandrücken mitten im ausgedehnten Bourtanger Moor war die einzige natürliche Verbindung zwischen der Drenther Hochebene und dem Hogeland, dem Marschenland im Norden Groningens. Dank seiner exponierten Lage stieg Groningen schnell zu einem regionalen Handelszentrum auf.

Das 15. Jahrhundert gilt als das »Goldene Jahrhundert« Groningens. 1422 schloss sich die Stadt der Hanse an und partizipierte an der dominierenden Stellung dieses Bundes im Fernhandel. 1473 erhielt Groningen – zum Nachteil der

Reste der alten Stadtmauer
(im Keller des Hotels Corps de Garde)

»Ommelanden« – das Stapelrecht. Es sah vor, dass der Handel mit Produkten aus dem Umland nur über den Markt in Groningen erfolgen durfte – ein Privileg, dass die Stadt wie einen Augapfel hütete. In diese Blütezeit fiel auch der Bau des Martiniturms.

Die Schlacht von Heiligerlee (westlich von Winschoten) am 23. Mai 1568 markierte den Beginn des Achtzigjährigen Krieges. Groningen schloss sich 1579 als eine der sieben protestantischen Nordprovinzen der Utrechter Union an, doch nur ein Jahr später geriet die Stadt erneut unter katholische, sprich spanische Herrschaft. Erst mit der Eroberung Groningens durch Prinz Moritz von Oranien im Jahre 1594 wurden Stadt und Umland ein Teil der Vereinigten Niederlande – und damit endgültig protestantisch. Mit dem Westfälischen Frieden von 1648 erkannte auch Spanien die Unabhängigkeit der Niederlande an.

Im 17. Jahrhundert stieg das ganze Land zu einer führenden Handelsnation, See- und Kolonialmacht auf. Während in anderen europäischen Ländern absolutistische Herrscher Andersdenkende als »Ketzer« verfolgten, galten die Niederlande als Hort der Toleranz. Zuflucht in Groningen fand in jener Zeit auch Ubbo Emmius, der erste Rektor der 1614 gegründeten Universität (s. Seite 112).

Die Belagerung

Im Jahre 1672 erlebte die Stadtbefestigung – eine meterdicke Mauer mit 17 Türmen, erbaut in den Jahren von 1608 bis 1616 – ihre große Bewährungsprobe. Der Bischof von Münster, Christoph Bernhard von Galen, belagerte mit seinen Truppen und mit Unterstützung des Bischofs von Köln die Stadt und ließ sie mit Kanonen beschießen, was ihm auf ewig den Beinamen »Bommen Berend« (»Kanonen-Bernd«) eintrug. Sein Abzug am 28. August 1672 ist ein Ereignis, das den Groningern seither einen zusätzlichen lokalen Feiertag beschert (s. Seite 33). 1698 wurden die Verteidigungsanlagen unter der Leitung des niederländischen Baumeisters Menno van Coehoorn verstärkt. Erst in der zweiten Hälfte des 19. Jahrhunderts verloren die Wälle ihre Funktion und wurden gemäß Beschluss vom 18. April 1874 in Promenaden (»Singel«) umgewandelt. Die Stadt, in der bereits fast 40.000 Menschen lebten, konnte sich nun weiter ausdehnen. Zu dieser Zeit lag die Zahl der Studierenden an der Groninger Universität bei gerade mal 173. Die größte Fakultät war die naturwissenschaftliche mit 57 Studierenden, darunter eine Frau: Aletta Jacobs (1854 bis 1929). Sie war 1878 die erste Niederländerin mit abgeschlossenem Hochschulstudium. Jacobs, die in Amsterdam als Ärztin arbeitete, stritt über Jahrzehnte für das Frauenwahlrecht und erlebte noch mit, wie 1917 das passive und 1922 das aktive Stimmrecht für Frauen eingeführt wurden (s. Seite 28).

Die Besatzung

Im Zweiten Weltkrieg wurden die Niederlande, die sich seit 1815 bei allen bewaffneten Konflikten neutral verhalten hatten, durch die deutsche Wehrmacht besetzt. Die Jahre von 1940 bis 1945 haben sich tief ins kollektive Gedächtnis der Groninger eingegraben. Von den über 3000 Juden, die 1940

in der Stadt wohnten, überlebten nur etwa 200 die Shoa (s. Seite 80). Während der Besatzungszeit verloren etwa 500 weitere Groninger Bürger ihr Leben, darunter nicht wenige bei Verhören im Hauptquartier der deutschen Besatzer im Scholtenhuis am Grote Markt.

Im April 1945 erreichten die vorrückenden Alliierten Groningen und stießen hier auf heftigen Widerstand der deutschen Besatzer. Die Straßenkämpfe dauerten über mehrere Tage an, zogen vor allem die Innenstadt stark in Mitleidenschaft und endeten am 16. April 1945. Für die kanadische Armee zählte der Kampf um Groningen zu den schwersten städtischen Kämpfen im Zweiten Weltkrieg. Drei Wochen später kapitulierten die deutschen Truppen – der 5. Mai ist heute ein gesetzlicher Feiertag in den Niederlanden.

Nach dem Zweiten Weltkrieg wuchs die Stadt rapide. In den 50er und 60er Jahren entstanden mehrere neue Stadtteile im Norden (Selwerd, Paddepoel, Vinkhuizen) und Süden (Corpus Den Hoorn, Wijert und Coendersborg). Zwischen 1970 und 1990 kamen mit Beijum und Lewenborg zwei weitere große Viertel außerhalb des Autobahnrings im Nordosten hinzu. Inmitten moderner Architektur prägen aber immer noch zwei Kirchtürme das Stadtbild. Der Turm der Martinikirche hat seit 1627 eine Höhe von 97 Metern. Ursprünglich war er sogar über 100 Meter hoch, allerdings brannte die Spitze 1577 bei einem Fest aus Freude über den Abzug spanisch-wallonischer Truppen nieder. Der Turm der A-Kirche, der nach einem Blitzeinschlag ebenfalls niederbrannte, hat seit 1718 eine Höhe von 76 Metern.

Studentenstadt

Welche Uni, welches Fach?

Niederländisch im Crashkurs

Die leidige Suche nach einer Studentenbude

Die Organisation des Studiums

Studienfinanzierung

Studieren in Groningen

Ein Auslandsstudium in Groningen? Es scheint, als könne es keine bessere Idee geben. Studenten, Eltern, Univertreter – durch die Bank hört man freundliche Worte. Um die 60.000 Studenten gibt es in Groningen, unter ihnen mehrere tausend aus Deutschland. Und die loben je nach Studienfach mal die Praxisnähe und gute Betreuung durch die Dozenten, mal die überschaubare Zahl der Studierenden in einer Vorlesung, dann wieder das Fehlen eines Numerus Clausus oder auch das gute Abschneiden in internationalen Rankings. Dass Groningen eine sehr lebendige Stadt ist, in der es sich gut aushalten lässt - in diesem Punkt sind so ziemlich alle einig. Dass diese Stadt gemeinhin auch als überschaubar und sicher gilt, beruhigt wiederum die Eltern. Denn die müssen die Entscheidung für Groningen in der Regel ja mittragen, oft auch finanziell.

Auch die Unis selbst sind froh über den Zulauf aus Deutschland, ja konkurrieren geradezu um den akademischen Nachwuchs. Ein Grund ist die schlichte Tatsache, dass Ausbildungsmittel in den Niederlanden pro Kopf vergeben werden, eine Uni mit höherer Studentenzahl also auch mit höheren Zuwendungen rechnen kann. Ein Wettbewerb, von dem auch der Student profitiert, nicht zuletzt in Form einer guten Betreuung. Manche sagen sogar: »Der Student ist König.« Ein König allerdings, der zahlt.

Sie studieren in Groningen, wie rund 3000 weitere Deutsche auch

Welche Uni, welches Fach?

Wer in Groningen studieren will, wählt in der Regel zwischen Rijksuniversiteit (s. Seite 112) und Hanzehogeschool (s. Seite 113) – eine Entscheidung, die in erster Linie von der gewählten Studienrichtung abhängen dürfte. Fragt man Studenten, was ihr Studium an der Hanzehogeschool kennzeichnet, fallen Wörter wie projektorientiert und praxisnah. Didaktiker sprechen von einem »problemgesteuerten Unterricht«: In kleinen Gruppen geht es darum, gemeinsam ein konkretes Problem zu lösen. Ein bei deutschen Studenten ausgesprochen populäres Fach ist International Business, ein je nach Unterrichtssprache drei- bis vierjähriges Bachelorstudium. Die Erstsemester bringen oft bereits Auslandserfahrungen mit und loben die internationale Studienatmosphäre. Ihr sechsmonatiges Praktikum – es ist ebenso wie das sechsmonatige Auslandssemester fester Bestand-

Denn im Unterschied zu Deutschland ist in den Niederlanden eine Studiengebühr zu entrichten. Hinzu kommen nicht unerhebliche Lebenshaltungs- und Bücherkosten. So gibt es vielleicht keine formale Hürde in Form eines NC, aber eben eine finanzielle. Und selbst über den NC-freien Zugang sollte man sich nicht zu früh freuen. Denn es gibt andere Selektionsmechanismen (s. Seite 112).

Blick aus der Uni-Bibliothek auf den Academieplein

teil des Studiums – absolvieren sie zum Beispiel in Hongkong oder Shanghai. Und in der Abschlussarbeit geht es um ein real existierendes Problem einer real existierenden Firma. Nachwuchskräfte für die praktische Arbeit auszubilden, das ist das erklärte Ziel der Hanzehogeschool.

Die Rijksuniversiteit (RUG) hat ein anderes Selbstverständnis, sie ist »eine klassische Universität in Forschung und Lehre«. Das Studium ist weniger »verschult«, Wissenschaft und Forschung spielen eine größere Rolle. Bei der Organisation des Studiums wird Eigenständigkeit erwartet. Und nach dem Master ist eine Promotion möglich.

Bereits bei der Planung seiner akademischen Laufbahn sollte man beachten, dass mit einem Bachelor der Hanzehogeschool in der Regel kein Master an der Uni möglich ist (nur nach einer Extraschleife, dem Pre-Master). Und dass es bei aller Harmonisierung des europäischen Bildungsmarktes nach wie vor nationale Regelungen gibt. Dies gilt beispielsweise bei einigen Studiengängen, die in Deutschland mit dem Staatsexamen abschließen. Wer also hierzulande als Jurist oder Lehrer arbeiten möchte, sollte sich vorab eingehend informieren. Im Grundsatz allerdings werden niederländische Abschlüsse europaweit – also auch in Deutschland – anerkannt.

Eine gute Möglichkeit, sich einen Eindruck von der Hanzehogeschool und den angebotenen Studiengängen zu verschaffen, ist der Open Dag, ein Tag der offenen Tür, immer im März/April, Juni und November. Außerdem bietet die Hanzehogeschool Schnuppertage (Meeloopdagen) an. Die RUG veranstaltet ebenfalls regelmäßig im Frühjahr und Herbst einen Open Dag sowie Schnuppertage

Deutsche Studenten in den Niederlanden

Jahrelang kletterte sie unaufhörlich, dann sank sie leicht: die Zahl der in den Niederlanden eingeschriebenen deutschen Studenten. 2008 waren es nach Angaben des Statistischen Bundesamtes 18.972. 2011 erreichte sie mit 25.028 ihren Höchststand und ging dann auf 21.530 im Jahre 2015 zurück. Dennoch bleiben die Niederlande nach Österreich das beliebteste Auslandsziel deutscher Studenten. Auffällig ist allerdings, dass die Zahl der Absolventen in den Niederlanden deutlich höher ist als in Österreich.

Ein Grund für die Attraktivität der Niederlande ist schlicht geografischer Natur: Uni-Städte wie Groningen, Maastricht, Venlo oder Nijmegen liegen für Schulabgänger aus Niedersachsen und Nordrhein-Westfalen quasi »um die Ecke«. 2015/16 belegten 59 Prozent der Studierenden aus Deutschland ein Fach aus dem Bereich Rechts-, Wirtschafts- und Sozialwissenschaften, 6,8 Prozent wählten „Humanmedizin/Gesundheitswissenschaften". 82,8 Prozent strebten den Bachelor an, 17,2 Prozent den Master.

in einzelnen Studiengängen (Een dag student), aber auch einen Hochschulinformationstag (Voorlichtingsdag) für Eltern. Die genauen Termine werden auf den Internetseiten angekündigt (www. rug.nl und www.hanze.nl, Anmeldung erforderlich).

Wer sich für ein Studium in Groningen entschieden hat, sollte sich möglichst früh bewerben, und das heißt: ab Oktober des Vorjahres, bei zulassungsbeschränkten Fächern spätestens jedoch am 15. Mai. Zunächst lässt man sich unter www.studielink.nl registrieren (Tipps unter www.studielink-hilfe.de). Auch das weitere Bewerbungsverfahren läuft komplett online. Neben dem Abi sind bei niederländischen Studiengängen ausreichende Sprachkenntnisse Voraussetzung für die Zulassung zum Studium. In einigen Fächern gibt es weitere spezifische Anforderungen oder auch Zulassungsbeschränkungen, beispielsweise in Human- und Zahnmedizin. Und auch bei beliebten Fächern wie Angewandte Psychologie gibt es einen Numerus fixus, weil es mehr Bewerber als Studienplätze gibt.

Rijksuniversiteit Groningen

Die Rijksuniversiteit Groningen (RUG, www.rug.nl) war eine der ersten Universitäten in Europa, die »von freien Bürgern« gegründet wurde, sagt Jodien Houwers, zuständig für internationale Beziehungen. »Was die Gesellschaft damals brauchte, waren Pfarrer, Mediziner, Naturwissenschaftler und Juristen. Das waren die ersten Fakultäten.« Der erste Rektor der 1614 gegründeten Universität war ein Deutscher: Ubbo Emmius (s. Seite 76). Die RUG war auch die erste Uni in den Niederlanden mit einem Lehrstuhl in Germanistik (ab 1877). Und sie blieb bis 1912 die einzige niederländische Uni, an der Deutsch studiert werden konnte.

Die RUG gehört seit Jahren zu den Top 100 unter den Universitäten weltweit. Und sie zählt neben den Universitäten in Amsterdam und Utrecht zu den größten in den Niederlanden und gliedert sich in elf Fakultäten. Angeboten werden etwa 60 Bachelor-Studiengänge, von den 25 komplett in Englisch unterrichtet werden, sowie rund 100 Master-Studiengänge. Von den rund 30.000 Studierenden stammen etwa 85 Prozent aus den Niederlanden. Die verbleibenden knapp 15 Prozent verteilen sich auf rund 120 verschiedene Länder. Die Deutschen stellen neben den Chinesen die größte Gruppe.

Die RUG unterhält Kontakte zu zahlreichen Universitäten, was unter anderem Auslandsaufenthalte erleichtert. In einem grenzüberschreitenden Projekt mit der Carl von Ossietzky Universität in der Partnerstadt Oldenburg ist zum Beispiel die European Medical School auf den Weg gebracht worden. Die Ausbildung endet mit einem Bachelor- und Masterabschluss in Groningen beziehungsweise einem medizinischen Staatsexamen in Oldenburg.

Niederländisch im Crashkurs

Ausreichende Sprachkenntnisse müssen in der Regel bereits vor Beginn des Studiums nachgewiesen werden. Bei Fächern, in denen Niederländisch die Unterrichtssprache ist, wird das Sprachexamen NT2 II vorausgesetzt. Intensivkurse gibt es sowohl am Sprachenzentrum der RUG als auch an der Hanzehogeschool, und zwar jeweils in den Sommerferien, also vor Studienbeginn. Diese dauern vier Wochen und kosten rund 1000 Euro (inklusive Unterrichtsmaterial und Examensgebühr). Vormittags gibt es wie in der Schule festen Unterricht, nachmittags kommen noch mehrere Stunden für Hausaufgaben dazu. Fast alle Teilnehmer bestehen den Kurs. »Man glaubt gar nicht, wie schnell man die Sprache lernen kann«, erzählt eine Studen-

In der Bibliothek der Rijksuniversiteit

Hanzehogeschool

Die Hanze University of Applied Sciences (niederländisch Hanzehogeschool, www.hanze.de) ist keine Universität im engeren Sinne, sondern eher einer deutschen Fachhochschule vergleichbar. Sie wurde 1986 gegründet (die Academie Minerva bereits 1798) und ist heute mit über 29.000 Studenten und 18 Fakultäten die »größte berufsbezogene Hochschule im Norden der Niederlande«. Insgesamt bietet die Hanzehogeschool über 50 Bachelor- und 19 Master-Studiengänge, viele davon auf Englisch, manche sogar auf Deutsch. Und die Hanze unterhält - wie die RUG - gute Kontakte zu zahlreichen Partneruniversitäten, was zu einer hohen Studentenzufriedenheit beitragen dürfte.

Etwa 1900 Studenten stammen nicht aus den Niederlanden, sondern aus rund 120 anderen Nationen. Die Deutschen stellen das größte Kontingent. Überdurchschnittlich stark sind deutsche Studenten im Studiengang International Business vertreten. Ebenfalls beliebt sind Physiotherapie, Logopädie, Angewandte Psychologie, Sozialarbeit und Internationale Kommunikation. So haben zum Beispiel etliche deutsche Physiotherapeuten oder Logopäden vor allem im grenznahen Bereich ihr Handwerk an einer niederländischen Fachhochschule erlernt.

tin von der Hanzehogeschool, die den überwiegenden Teil ihrer Kurskosten bei Studienbeginn sogar zurückerstattet bekam.

Auch bei englischsprachigen Bachelorprogrammen – und das sind in der Regel die international ausgerichteten Studiengänge – empfehlen Studienberater unabhängig von den formalen Anforderungen die Teilnahme an einem mehrwöchigen Sprachkurs. Mit dem Bestehen des TOEFL-Tests sind sprachliche Kompetenzen hinreichend bewiesen.

Wohnen – oder: Die leidige Suche nach einer Studentenbude

Hier lautet der Tipp aller leidgeprüften Groningen-Studis: früh kümmern. In der Anfangsphase muss man sich oft auch noch mit Notlösungen behelfen, sprich:

Tipp: KEI-Woche

Studienanfänger sollten sich zu Beginn ihres ersten Semesters im August nichts weiter vornehmen – dann ist KEI-Week (www. keiweek.nl), eine Art studentischer Ausnahmezustand, bei dem man, geleitet von erfahrenen Groningen-Studis, geballt die Vorzüge der Stadt, des Studentenlebens und sicher auch ein paar neue Kommilitonen kennenlernt …

bei Freunden unterschlüpfen, ein Zelt auf dem Campingplatz aufschlagen oder in ein großes Studentenwohnheim ziehen und sich womöglich Küche und Bad mit ganz vielen anderen Etagenbewohnern teilen. Die Suche läuft vor allem über Facebook, erzählen Mitglieder des D-Teams (s. Seite 115) der Hanzehogeschool, zum Beispiel über Gruppen wie »Groningen rooms« oder »Student rooms Groningen«. Ganz wichtig: Man darf sich nicht entmutigen lasssen!

Deutsche Studenten berichten fast unisono von der Schwierigkeit, eine erschwingliche Bleibe zu finden. Wer zu zweit sucht, habe kaum eine Chance, in der Regel seien nur einzelne Zimmer frei. Es gibt Makler, die sich auf deutsche Studenten spezialisiert haben und mit ihnen durch die Stadt zu drei oder vier verschiedenen Wohnungen fahren. Es gibt auch Makler, die bereits Gebühren für die Anmeldung kassieren. Und es gibt Makler, die in Studentenkreisen geradezu berüchtigt sind für ihren bisweilen rüden Umgangston. In der Not hilft das nicht kommerzielle »Housing Office«, das ausländischen Studenten gegen Gebühr für mindestens fünf und

Mamamini

Der Einrichtungstipp unter Groninger Studenten ist Mamamini, ein Secondhand-Laden mit mehreren Filialen im Stadtgebiet. Mamamini nimmt gebrauchte, aber noch brauchbare Möbel entgegen und löst auch ganze Haushalte auf, auf Wunsch »besenrein«. Die Möbel werden zu einem oft sehr günstigen Preis verkauft. Der Erlös fließt in einen Fonds, aus dem unter anderem soziale und ökologische Projekte im Raum Groningen unterstützt werden (Adressen und Öffnungszeiten unter www. mamamini.nl).

Gut gelaunte Groninger Studenten

maximal 12 Monate eine möblierte Bleibe verschafft (www.sshxl.nl).

Über kurz oder lang ziehen die meisten in eine Wohngemeinschaft. Sie ist die gängigste Wohnform unter deutschen Studenten in Groningen. Bei Vermietern sind insbesondere WGs mit deutschen Studentinnen willkommen: Sie gelten als sauber und ordentlich (und selbst wenn dies ein Vorurteil sein sollte, bei der Suche nach einer geeigneten Unterkunft wird daraus ein Vorteil). Für ein Zimmer in einer Dreier-WG sollte man 300 bis 400 Euro im Monat veranschlagen. Mindestens das Doppelte benötigt, wer Wohnung, Küche und Bad nicht gern mit anderen teilt.

»Man darf seine Ansprüche nicht zu hoch setzen«, sagt ein Student mit Blick auf die Qualität des Wohnens und nennt als Beispiel die Nachteile einer Einfachverglasung im Winter. In drei Jahren ist er drei Mal umgezogen. »Wenn man ein bisschen Zeit und Ge-

duld mitbringt, dann findet man auch was Schönes«, ergänzt eine Kommilitonin. Sie ist mit ihrer neun Quadratmeter großen Bude unterm Dach ganz glücklich: »Ich zahle 235 Euro warm, für Groninger Verhältnisse ist das wenig.« Man braucht eben auch Glück.

D-Teams

Auf der Internetseite »www. studieren-in-holland.de« berichten Studierende aus Deutschland in Interviews und Videos, welche Erfahrungen sie an unterschiedlichen Universitäten in den Niederlanden gemacht haben. Wer spezielle Fragen zum Studium in Groningen hat, kann sich an die sogenannten »D-Teams« wenden (erreichbar unter studienbewerber@rug.nl oder dteam@org.hanze.nl).

Cafeteria in der Bibliothek der Rijksuniversiteit

Credits und Advisor – Die Organisation des Studiums

In den Niederlanden gliedert sich das Studium in akademische Jahre, die am 1. September beginnen. Das Studienjahr wiederum ist aufgeteilt in vier Blöcke, die in der Regel zehn Wochen dauern (sieben Wochen Vorlesungen plus Klausuren). Geprüft wird am Ende eines Blocks und nicht erst am Ende eines Jahres, was von vielen Studenten als Vorteil empfunden wird. Die Sommerferien sind kürzer als in Deutschland, dafür verteilt sich der zu erlernende »Stoff« auf einen größeren Zeitraum.

In der Regel erwirbt man seinen Bachelor nach drei oder vier Jahren (wobei sich an der RUG oft ein einjähriges Master-Studium anschließt). Studienaufwand und -leistungen werden in Credit Points oder ECTS-Punkten bemessen. Ein Credit entspricht etwa einem Aufwand von 28 Arbeitsstunden. Seinen Bachelor hat in der Tasche, wer nach drei Jahren 180 Credits bzw. nach vier Jahren 240 Credits eingesammelt hat. Wichtig: Bereits am Ende des ersten Studienjahres müssen in der Regel mindestens 48 Punkte zu Buche stehen! Sonst kann man sein Studium an den Nagel hängen, es sei denn, es gibt einen Aufschub, zum Beispiel aufgrund schwerwiegender persönlicher Gründe. Auch wenn es also keinen NC gibt – das erste Jahr ist eine Art Testphase.

Über die Organisation des Studiums hört man fast durchweg lobende Worte. »Wir sind nie mehr als 30 Studenten in

Cafeteria statt Mensa

Ein Punkt, an den sich viele deutsche Studenten erst gewöhnen müssen, ist das Fehlen einer Mensa. Der Niederländer an sich nimmt mittags keine großen Mahlzeiten zu sich. Sprich: Man schmiert sich eine Stulle oder geht in eine Cafeteria und holt sich »Broodjes« oder Suppe. That's all. Kein Wunder, dass die »Pastafabriek« in der Stoeldraaierstraat 25 für viele Studenten der RUG fast schon eine Art Ersatzmensa ist.

einem Klassenraum, das Verhältnis zum Dozenten ist dadurch viel persönlicher«, erzählt eine Studentin, die International Business an der Hanzehogeschool studiert. »Du bist hier keine Nummer, sondern der Dozent kennt dich mit Namen, der weiß, was er mit dir besprochen hat, der weiß, welche Präsentation du gehalten hast, und du kannst mit jeder Frage zu ihm kommen.« Mit ihren Dozenten sind die Studenten per Du. Außerdem steht ihnen an der Hanzehogeschool ein »Academic Advisor« zur Seite. »Das ist eine Person, mit der man alles besprechen kann, was mit dem Studium zusammenhängt«. An den Fakultäten der RUG übernehmen Studienberater (Study Advisor) diese Aufgabe.

Positiv bewerten viele Studenten auch die Internationalität ihres Studiums. »Wir haben hier drei, vier Kulturen in einer Gruppe, und man lernt, zum Beispiel mit Chinesen zu kommunizieren, das ist auch später notwendig, wenn man im internationalen Umfeld arbeitet«. Kleine kulturelle Unterschiede zeigen sich übrigens auch in der Zusammenarbeit von Deutschen und Niederländern. Deutsche betreiben ihr Studium und das Einsammeln der Credits ernsthafter, sind verbindlicher, theoriebezogener, detailversessener und pünktlicher – das hört man unisono, wenn auch selten offiziell. Wer zum Studieren ins Ausland geht, gilt per se als etwas ambitionierter und zielstrebiger. Und die niederländischen Kommilitonen? Die gehen ihr Studium lockerer an und genießen stärker die Vorzüge des Studentenlebens, so das ebenfalls einhellige Urteil. Ein Grund ist sicher die Tatsache, dass niederländische Studienanfänger oft nicht älter als 17 oder 18 Jahre sind. Da tobt man sich erst mal aus. »Freunde finden« gehört gleichsam zur niederländischen Studentenkultur, sagt Jodien Houwers, die bei der RUG für internationale Beziehungen zuständig ist. Allerdings haben auch

Beliebter Treffpunkt: Treppenstufen vor der Rijksuniversiteit

die niederländischen Studenten gern einen deutschen Studenten in ihrer Arbeitsgruppe, so Houwers. »Weil dann gearbeitet wird.« Umgekehrt gibt es deutsche Studenten, die ein schwächer ausgeprägtes »Konkurrenzdenken« bei niederländischen Kommilitonen sehr angenehm finden.

Studienfinanzierung

Wer in den Niederlanden studiert, muss pünklich zum 1. September, also zu Beginn des Studienjahres, eine Gebühr in Höhe von 2060 Euro (2018/19) entrichten. Studienanfänger können diese Gebühr über einen Kredit (Collegegeldkrediet, www.ocwduo.nl) finanzieren und nach Beendigung des Studiums in Raten und abhängig auch vom Einkommen zurückzahlen. Wer nun glaubt, deutsche Studenten würden diese Studiengebühr in Bausch und Bogen geißeln, der irrt. In die durchaus auch vorhandene Kritik mischt sich Lob über die Ausstat-

Im Lesesaal der Bibliothek

tung mit Beamern, digitalen Tafeln, Computerarbeitsplätzen oder auch neue Cafeterien.

Für alle, die nicht aus einem vermögenden Elternhaus stammen, gibt es in der Regel drei Wege der Studienfinanzierung: entweder das deutsche Auslands-BAföG, ein Kredit des niederländisches Staates oder ein eigener Job. Beim Auslands-BAföG gelten im Prinzip die gleichen Voraussetzungen wie bei einem Studium in Deutschland. Neben dem BAföG, das nach dem Studium zur Hälfte zurückgezahlt werden muss, gibt es eine Reihe weiterer Leistungen. So wird die Studiengebühr für ein Jahr übernommen (bis zu einer Höhe von 4600 Euro), außerdem wird für eine Heimreise pauschal ein Beitrag von 250 Euro gewährt. Bei Zusatzkosten für die Krankenversicherung wird eine Zulage gewährt. Ganz wichtig: Der BAföG-Antrag muss bereits sechs Monate vor Studienbeginn gestellt werden, Einzelheiten zu den Voraussetzungen und zur Antragstellung unter www.auslands-bafoeg.de.

Die Alternative zum Auslands-BAföG ist die niederländische Studienfinanzierung. Auch deutsche Studienanfänger erhalten unter bestimmten Voraussetzung ein Darlehen. Dazu gibt es - zunächst ebenfalls als Darlehen - eine Bahnfahrkarte (OV-Kaart, gültig für die gesamten Niederlande). Die Karte wandelt sich zu einem Geschenk, wenn das Studium innerhalb von zehn Jahren erfolgreich abgeschlossen wird.

Die Voraussetzungen: Man darf bei Studienbeginn nicht älter als 29 Jahre sein und benötigt ein Konto in den Niederlanden sowie eine Bürgerservicenummer (BSN, hat jeder eingeschriebene Student). Außerdem

Das Willem-Alexander Sportcentrum auf dem Zernicke Campus im Norden der Stadt

muss man - und das ist für die meisten sicher die wohl größte Hürde - neben dem Studium mindestens 56 Stunden im Monat jobben (Arbeitsvertrag muss vorgelegt werden).

Die Rückzahlung des Darlehens nach dem Studium kann über einen Zeitraum von bis zu 35 Jahren gestreckt werden. Die Modalitäten hängen ab von den eigenen finanziellen Möglichkeiten sowie von denen des Partners. Unterschreitet das Einkommen eine bestimmte Grenze, wird man von der Rückzahlung befreit, jedenfalls vorübergehend. Beantragt werden kann die niederländische Studienfinanzierung beim Dienst Uitvoering Onderwijs (www.duo.nl).

Grundsätzlich besteht für Studierende in den Niederlanden eine Krankenversicherungspflicht. Wer nicht arbeitet, ist in der Regel über seine Familie (bis zum 25. Lebensjahr) oder aber selbst in Deutschland versichert. Wer dagegen in den Niederlanden jobbt, benötigt auch eine niederländische Versicherung. In Groningen arbeiten viele Studenten in der Gastronomie oder in einem größe-

ren Callcenter, nicht wenige haben sogar mehrere kleine Nebenjobs. Gerade am Beginn des Studiums sollte man es allerdings ruhig angehen lassen, so der »dringende« Tipp von Studienberatern.

Tipp: ACLO

So viel Bewegung, wie man mag, und das in über 40 verschiedenen Sportarten, von Squash über Beachvolleyball bis Segelfliegen – das bietet ACLO (www.aclosport.nl), ein Zusammenschluss von Studentensportvereinen, für knapp 60 Euro im Jahr. Dafür können Studenten alle universitätseigenen Anlagen sowie einen weiteren Standort in Bahnhofsnähe (fast immer) gratis nutzen. Wer noch einmal rund 65 Euro für den Besuch des Fitnessstudios draufpackt, kommt auf jeden Fall gut ins Schwitzen.

Von A bis Z

Aktuelle Infos

Anreise

Ärzte

und vieles mehr …

Aktuelle Infos

Wer sich vorab zu Hause informieren will: www.groningen.de ist die offizielle Internetseite von Marketing Groningen, mit allem, was man als Tourist wissen sollte. Unter www.groningeruitburo.nl bekommt man einen aktuellen Überblick über kulturelle Veranstaltungen (nur auf Niederländisch). Und auf www.groningen-info.de landet man fast zwangsläufig, weil der Internetexperte Peter Müller sie besonders suchmaschinenfreundlich gestaltet hat. Müller, ein gebürtiger Oldenburger, richtete die Seite 2003 ein, weil Bekannte aus der alten Heimat immer häufiger wissen wollten, wo man in Groningen zum Beispiel am besten parken kann.

Anreise

Mit dem Auto erst auf der A28 (ab Bremen/Oldenburg) oder auf der A31 (ab Ruhrgebiet) und dann weiter auf der niederländischen A7 bis Groningen. Benziner möglichst noch in Deutschland volltanken, bei Diesel ist der Preisunterschied meist geringer (Stand Oktober 2015).

Die Bahnverbindung von Bremen und Oldenburg nach Groningen ist aufgrund eines Brückenschadens bis auf Weiteres unterbrochen, ab Leer fährt ein Bus. Fahrtdauer ab Oldenburg: knapp zwei Stunden.

Seit 2015 gibt es das »Niedersachsenticket plus Groningen«, buchbar unter www.dbregio-shop.de. Der Tagesausflug ins Ausland kostet 28 Euro für die erste und 5 Euro für jede weitere Person (maximal fünf Reisende). Das Ticket gilt montags bis freitags von 9 bis 3 Uhr des Folgetages, an Wochenenden und Feiertagen sowie am 24. und 31. Dezember bereits von 0 Uhr bis 3 Uhr des Folgetages. Eigene Kinder und Enkel bis einschließlich 14 Jahren fahren gratis (bei bis zu zwei Erwachsenen).

Außerdem fährt mehrmals täglich Flixbus sowohl von Bremen als auch von Oldenburg nach Groningen. Von Oldenburg dauert die Fahrt meist etwa zwei Stunden und kostet ab 9 Euro (www. flixbus.de). Deutlich seltener sind auf dieser Strecke Ecolines und der IC-Bus der Deutschen Bahn unterwegs.

Ärzte

Wer bei einer deutschen Krankenkasse versichert ist, hat im Krankheitsfall Anspruch auf Behandlung auch in den Niederlanden. Vor allem bei einem längeren Aufenthalt in Groningen sollte man sich vorab die Europäische Krankenversicherungskarte besorgen, damit man finanziell nicht in Vorleistung treten muss. Mit dieser Karte wendet man sich an einen Arzt, der auch entscheidet, ob ein Facharzt hinzugezogen wird – in den Niederlanden gilt das Hausarzt-Prinzip.

Auskunft

Die erste Adresse für Ratsuchende ist der VVV mitten auf dem Grote Markt. Der VVV nimmt auch Buchungen und Reservierungen vor (zum Beispiel für Stadtführungen oder Hotelzimmer, unter 050-3135713). Öffnungszeiten: Mo 12–18 Uhr, Di–Fr 9.30–18 Uhr, Sa 10–17 Uhr, So 12–16 Uhr.

Grote Markt 29, Tel. 050-3139741, www.toerisme.groningen.nl

Bus

… fährt man als Tourist am besten mit einer Einzelkarte/Eurokaartje (2,50 €), die es beim Fahrer gibt und mit der man eine Stunde im Groninger Stadtgebiet umherfahren darf. Tageskarte 10 € (gültig werktags ab 9 Uhr, am Wochenende ganztags) bzw. 15 € (ganztags gültig in den Provinzen Groningen und Drenthe sowie in Ostfriesland). Ausflügler, die ihr Auto auf einem der fünf großen Park+Ride-Plätze abstellen, können für die Fahrt ins Zentrum und zurück auch den Citybus nutzen (6 € für bis zu fünf Personen, Näheres unter »Parken« auf Seite 124 oder unter www.qbuzz.nl). Wer einen Wohnsitz in den Niederlanden hat und häufiger öffentliche Verkehrsmittel nutzt, sollte über den Kauf einer aufladbaren OV-Chipkaart nachdenken. Diese ist unter anderem am Hauptbahnhof erhältlich und gültig für Bahn, Bus und Tram im gesamten Land. Beim Einsteigen mit der Karte anmelden, beim Aussteigen abmelden, dafür einfach nur die Karte vor die entsprechenden Geräte halten.

Fahrräder

… leiht man sich im Hotel, auf dem Campingplatz oder in einem der vielen Fahrradläden. Möglichst kurze Testfahrt machen, auf jeden Fall aber Licht und Bremse prüfen.
Ein Lastenrad für den Umzug oder ein Spezialrad mit Kasten vor dem Lenker und Platz für Kinder und Hund (»Bakfiets«) – diese und andere originelle Gefährte leiht man bei Fietsje (Südseite A-Kirche). Ein normales Rad kostet

10€ am Tag, ein Lastenrad 25 € für den ganzen und 12,50 € für den halben Tag. Kaufen kann man die Räder natürlich auch. Do und Fr 9.30–18 Uhr, Sa 9.30–17 Uhr.
A-Kerkhof 18, Tel. 050-7851016, www.fietsje.nu

Feiertage
Landesweit Neujahr, Karfreitag, Ostersonntag und -montag, 27. April (Königstag), 5. Mai (Tag der Befreiung), Christi Himmelfahrt, Pfingstsonntag und -montag, erster und zweiter Weihnachtstag. Dazu kommt in Groningen als lokaler Feiertag der 28. August, Gronings Ontzet (s. Seite 33 und 107).

Wo man auch hinguckt: Fahrräder, hier in der Oosterstraat …

Hunde
… sind nicht in allen Innenstadtstraßen erlaubt, für Vierbeiner gesperrt sind Herestraat, Zwanestraat, Carolieweg, Naberpassage und die Rasenflächen beim Martinikerkhof.

Klima
Gemäßigt, wie in Norddeutschland auch. Die Temperaturen erreichen im Juli und August Spitzenwerte (im Schnitt 21 Grad). Die durchschnittlichen Tiefstwerte liegen im Januar und Februar knapp unter dem Gefrierpunkt. Dafür gibt es im Februar aber auch die wenigsten Regentage (9), während es im November und Dezember – statistisch gesehen – fast jeden zweiten Tag regnet. Die durchschnittliche tägliche Sonnenscheindauer ist im Juni am höchsten (6,4 Stunden), knapp gefolgt vom Mai (6,3 Stunden).

Notruf
Polizei, Feuerwehr und Krankenwagen erreicht man in den Niederlanden unter 112.

… und am Grote Markt

Ein solcher Sturzregen ist auch in Groningen selten

Parken

Wer nur eben schnell einen Kaffee in der Altstadt trinken will, kann auf gekennzeichneten Stellplätzen innerhalb des Grachtenrings parken, muss sich aber trotzdem sputen: Die maximale Parkdauer ist meist auf eine Stunde begrenzt. Die Zeit sollte man im Auge behalten – es droht eine saftige Geldbuße. Wer länger bleiben möchte, sollte eines der 13 Parkhäuser ansteuern (um die 3 € pro Stunde, Tagessatz zwischen 10 und über 20 €) oder sein Gefährt auf einem der fünf gut ausgeschilderten Park+Ride-Plätze in Innenstadt-Nähe abstellen (kostenlos) und dann mit dem Citybus ins Zentrum fahren (hin und zurück 6 € für bis zu 5 Personen). Eine aktuelle Übersicht über Parkmöglichkeiten findet sich unter www.groningenbereikbaar.nl.

Für Autofahrer, die auf der Autobahn aus Deutschland kommen, liegen zwei P+R-Plätze günstig: Euroborg und Kardinge. Von beiden Plätzen fahren mehrmals stündlich Busse in die Innenstadt (aktueller Planer unter www.9292.nl). Der Vorteil bei Kardinge: Der letzte Bus fährt oft erst nach Mitternacht zurück.

Supermarkt

Es gibt mehrere große Märkte im Zentrum von Groningen, zum Beipsiel Albert Heijn in der Kornbörse am Fischmarkt (Mo–Sa von 8–21.45 Uhr, So 12–21.45 Uhr), Jumbo in der Oosterstraat 58 (Mo–Sa 8–22 Uhr, So 12–22 Uhr) sowie – ein wenig versteckt – Aldi in der Rode Weeshuisstraat 4 (Mo–Sa 8–20 Uhr, So 12-18 Uhr).

Taxi

Taxis findet man in Groningen am ehesten am Hauptbahnhof und mit Glück auch am Grote Markt. Die Fahrten sind teurer als in Deutschland.

Telefon

Landesvorwahlen: Niederlande 0031, Deutschland 0049. Gute Netze bei den gängigen Mobilfunkanbietern.

Toiletten

Öffentliche Toiletten sind knapp. Man findet sie unter anderem am Grote Markt. Die Benutzung kostet 50 Cent. Schöner und noch dazu kostenlos ist das öffentliche Pissoir an der Kleine de A (s. Seite 20). Wenn es arg pressiert: einfach mal im nächsten Eetcafé oder Restaurant fragen, die meisten Besitzer reagieren freundlich.

Verkehr

Geschwindigkeitsbegrenzungen: 50 km/h innerhalb geschlossener Ortschaften, 80 km/h auf Landstraßen, 130 km/h auf Autobahnen (auf manchen Abschnitten auch weniger). Die Promillegrenze liegt bei 0,5 Promille (bzw. 0,2 Promille, wenn der Fahrer seinen Führerschein noch keine fünf Jahre besitzt). Alkohol am Steuer wird in den Niederlanden mit mindestens 325 € geahndet, das Handy am Steuer mit 230€. Bei Falschparken sind mindestens 90 € weg. Und wer die zulässige Geschwindigkeit um 20 km/h überschreitet, muss ab 165 € aufwärts berappen (Stand 2018). Kurzum: Die Strafen für Verkehrsverstöße sind in den Niederlanden in der Regel deutlich hö-

her. Pannenhilfe leistet der ANWB, die niederländische Schwesterorganisation des ADAC, Tel. 088-2692888.

Zoll

Der Warenverkehr für private Zwecke ist innerhalb der EU weitgehend zollfrei. Allerdings gibt es Obergrenzen unter anderem bei Zigaretten (800 Stück), Spirituosen (10 Liter), Wein (90 Liter, Schaumwein nur 60 Liter) und Bier (110 Liter).

Tramper-Standort an einer Ausfallstraße

Register

Die Deutsche Bibliothek verzeichnet diese Publikation in der Deutschen National-
bibliografie; detaillierte bibliografische Daten sind im Internet unter http://dnb.
ddb.de abrufbar.

Bildnachweis:
Niederländisches Büro für Tourismus (NBTC, Köln): S. 32; Vive la vie: S. 40u.;
Vera (Veri Et Recti Amici): S. 60; Marketing Groningen: S. 101.
Alle übrigen Fotos: Wolfgang Stelljes

Titelabbildung:
Wolfgang Stelljes: Hoge der A und A-Kirche

Kartografie:
City-Plan (Stadt Groningen), Provinz-Plan (Provinz Groningen)

Danksagung:
Für die freundliche Unterstützung bedanken sich Autor und Verlag bei Anne
Bollmann (Dozentin, Rijksuniversiteit Groningen), Beno Hofman (Historiker, Gro-
ningen), Saskia Reimann und Titus Akkermans (Stadtführer Groningen), Wouter
Steenhuizen und Sandra Lambers (Marketing Groningen), Kordelia Nitsch (freie
Mitarbeiterin Groninger Museum) sowie Jan-Henry Wannink (Lotsenprojekt) und
Max Schönemann (D-Team Hanze University).

Dieser Reiseführer wurde nach bestem Wissen zusammengestellt. Im Sinne des
Produkthaftungsgesetzes weisen Autor und Verlag darauf hin, dass inhaltli-
che Fehler und Änderungen nach Drucklegung dennoch nicht auszuschließen
sind. Aus diesem Grund übernehmen Verlag und Autor keine Verantwortung
und Haftung, alle Angaben erfolgen ohne Gewähr. Hinweise, Änderungs- und
Verbesserungsvorschläge seitens der Leser nimmt der Verlag gerne entgegen.

4. umfangreich aktualisierte Auflage 2018

© Edition Temmen
Hohenlohestr. 21 – 28209 Bremen
Tel. 0421-34843-0 – Fax 0421-348094
info@edition-temmen.de
www.edition-temmen.de

Alle Rechte vorbehalten

Herstellung: Edition Temmen

ISBN 978-3-8378-3004-0

Printed in the EU